NOTICE

SUR

LA VIE, LE CARACTÈRE ET LA MORT

DE

M. LE CHANOINE DAVANT

Ancien Curé de la Cathédrale d'Angoulême
et Doyen du Chapitre.

ANGOULÊME

IMPRIMERIE M. DESPUJOLS

Rue Tison d'Argence, 3.

—

1898

NOTICE

SUR

M. LE CHANOINE DA.ANT

NOTICE

SUR

LA VIE, LE CARACTÈRE ET LA MORT

DE

M. LE CHANOINE DAVANT

Ancien Curé de la Cathédrale d'Angoulême

et Doyen du Chapitre.

ANGOULÊME

IMPRIMERIE M. DESPUJOLS

Rue Tison d'Argence, 3.

—

1898

INTRODUCTION

On lit dans la *Semaine religieuse* (année 1898,
nº 7) :

« Nous avons le regret d'annoncer la mort du
« vénérable doyen du chapitre, M. le chanoine
« Davant, dont la santé depuis longtemps ébranlée
« ne faisait que trop pressentir la catastrophe
« finale qui le ravit à l'estime de Monseigneur, à
« l'amitié de ses confrères et à la vénération des
« fidèles...

« Nous pensons que l'une des âmes sacerdo-
« tales dont il a été l'inspirateur, le directeur et le
« père, en N. S., nous donnera une notice com-
« plète de sa vie toute pleine des œuvres et des
« vertus qui font le prêtre agréable à Dieu, utile
« aux âmes, et digne des honneurs de la Sainte
« Eglise. »

La notice dont il est question dans ces lignes,
serait facile à composer avec les nombreux docu-

ments que l'on possède, mais le temps de l'écrire
est absorbé par les occupations du ministère pastoral. Peut-être sera-t-elle publiée un jour et elle
édifiera les fidèles, en déroulant sous leurs regards
le spectacle des aspirations, des pensées, des luttes
intimes, des actions et des souffrances d'un prêtre
selon le cœur de Dieu. Il est possible aussi qu'elle
ne le soit jamais, malgré les désirs dont on vient
de lire l'expression et qui sont communs, non pas
seulement aux amis intimes, mais même aux
simples connaissances de M. Davant.

Soit pour tromper une attente dont on prévoit
la longueur, au cas qu'elle ne doive pas être absolument vaine, soit pour adoucir des regrets qu'on
n'aura probablement pas la joie d'épargner aux
admirateurs du vénéré défunt, on a jugé utile
d'ébaucher au moins une esquisse de sa physionomie morale.

Aussi bien, comme le but d'une biographie complète serait, sans aucun doute, de présenter à la
sympathique curiosité des bons chrétiens une
simple et belle existence dont ils auraient la pensée
d'imiter les vertus, ce but peut évidemment être
atteint au moyen d'un résumé, d'un tableau vivant,
où l'on verra mis en relief tout ce qu'il y a de plus
caractéristique dans cette existence, de plus sail-
lant et de plus original dans la personne du prêtre
qu'elle a rendu à jamais recommandable.

Pour bien reproduire les traits de M. Davant,

cette esquisse doit d'abord comprendre un abrégé
de sa vie depuis sa naissance jusqu'à sa nomination de doyen du chapitre, l'ensemble de son ministère pastoral qui l'a révélé au public, et le récit de
ses actions intimes pendant la période de repos où
se sont écoulées ses dernières années. Elle doit
ensuite dessiner clairement son caractère moral et
ses habitudes, exposer ses exemples de foi, de
courage, de confiance en Dieu, durant la marche
de ses lentes mais implacables maladies, et les
péripéties du dernier combat qu'il leur a livré
avant de mourir.

Dans cette rapide monographie d'une âme, il ne
faut pas s'attendre à ne contempler que des per-
fections achevées, dignes d'une admiration sans
réserve. La nature physique a des ombres qui font
ressortir ses splendeurs ; les saints, ces héros pro-
digieux, ont leurs côtés faibles ; le biographe assez
mal inspiré pour les dissimuler manquerait à ces
grands hommes, en passant sous silence leur per-
sistante réaction contre des tendances déplorables
et les merveilles de leur humilité ; il manquerait
à Dieu, en cachant l'action victorieuse exercée sur
eux par sa grâce ; il manquerait à la société, en la
décourageant par la révélation de vertus d'une
infaillibilité écrasante et, par conséquent, inimi-
tables.

M. Davant, l'homme simple et véridique par
excellence, s'indignerait contre le panégyriste ma-

ladroit qui le présenterait comme un idéal d'une beauté sans mélange, et ne trouverait en lui que matière à des louanges sans restriction.

La loyauté dans la description de sa personne et de sa vie lui suffit amplement. Montrée par elle, sa bonne physionomie apparaîtra sous un jour vaporeux et tempéré qui la rendra plus attrayante aux yeux de tous les fins connaisseurs du vrai mérite.

M. LE CHANOINE DAVANT

CHAPITRE PREMIER.

Enfance, études.

M. Jean-Pierre Davant naquit le 23 août 1820, non loin des lieux fertiles à travers lesquels l'Adour roule ses eaux rapides et capricieuses, à Monnères, petite bourgade voisine de Tarbes, dans la large plaine dont il devait avoir les mœurs très douces, en face des monts où habitent les vertus solides, les caractères simples et droits et la religion profonde qui sont devenus chez lui une seconde nature.

Son père était un maître d'école des anciens temps, instruit comme il lui suffisait de l'être pour remplir ses fonctions, préoccupé surtout de faire des hommes vertueux, de bons chrétiens, des Français et non des demi-savants.

Sa mère était une villageoise, d'une piété aimable et ferme, tout entière à ses devoirs de famille.

Il a souvent répété qu'il avait hérité d'elle son tempérament physique et moral.

Ces respectables époux avaient eu six enfants quand Jean-Pierre vint au monde, mais quatre d'entre eux étaient déjà partis pour le ciel. Dans leur désir de conserver le Benjamin envoyé à leur place par le Seigneur, ils le traitèrent avec un amour un peu excessif, et lui passèrent une petite paresse qui nuisit à son travail jusqu'au jour où, assez près de se donner à Dieu, il comprit de lui-même la nécessité de bien employer son temps.

Dès son bas âge, l'enfant aima l'église ; il s'y tint comme un ange quand ses amis n'y cherchaient encore que des occasions de distractions, et il donna, par un goût prononcé pour les cérémonies religieuses, des marques non équivoques de vocation.

Vers douze ans, il fit sa première communion. Il avait suivi le catéchisme depuis le premier éveil de sa raison : dans le pays de foi où il était né, les parents savent qu'il faut longtemps à l'avance parer de science religieuse et de vertu l'âme destinée à devenir la demeure de Dieu.

Aussi, nourri de la moelle de la doctrine chrétienne, préservé de tous les souffles impurs, rompu aux habitudes de la piété, Jean-Pierre s'approcha de la sainte table, avec le tremblement d'une sainte crainte et les transports d'un amour brûlant.

Le souvenir de cette grande action laissa en lui une empreinte ineffaçable ; on peut affirmer, sans danger d'erreur, que de son accomplissement data pour lui la religion tendre et profonde avec laquelle il se tint toujours en présence de l'adorable eucharistie.

C'est aussi en ce jour, souvent décisif pour l'orientation de la vie des enfants, qu'il prit définitivement la résolution de se consacrer à jamais au service des autels, dont il connaissait bien maintenant l'auguste victime.

Quelques semaines après, sur sa demande expresse, ses parents le présentèrent au vicaire desservant leur petite paroisse, qui lui donna aussitôt sa première leçon de latin.

L'enseignement du bon prêtre, contrarié par les fonctions extérieures du ministère, fut irrégulier. En trois ans et plus il orna de connaissances insignifiantes la mémoire pourtant très heureuse de son élève : à seize ans, celui-ci n'avait fait que sa cinquième.

Aussi, à la rentrée des classes de 1836, M. Davant, malgré l'état précaire de ses finances, conduisit son fils au collège de Soues, situé à sept ou huit kilomètres de là, et tenu par des ecclésiastiques. Le jeune Jean-Pierre y fut admis comme externe surveillé et, pendant trois ans, il y retourna fidèlement tous les jours, à moins que la migraine dont il souffrait déjà ne le retînt au lit.

Pour rester dans les limites exactes de la vérité, il faut dire qu'il se permit une fois de manquer par paresse son voyage quotidien. Le matin, son devoir n'était pas en état, aussi fut-il très heureux de voir tomber un peu d'eau quelques minutes avant l'heure fixée pour son départ de Monnères. Restons. se dit-il, l'atmosphère est chargée, il pleuvra jusqu'à midi, j'ai une raison valable de ne pas entreprendre la course, on ne me fera pas de reproche et je finirai ma version.

Malheureusement pour lui, le mauvais temps ne fut pas long : au bout d'une heure, un bon vent du nord chassa les nuages, et le soleil parut radieux. Son arrivée à Soues le lendemain fut soucieuse ; ce n'était pas sans motif : la punition qu'il reçut dura quinze jours ; il n'eut plus la pensée, l'heure venue, de tirer en arrière.

Jean-Pierre ne fut pas un écolier vif et turbulent, ami de la course, du mouvement et du bruit. Les jeux tranquilles étaient son affaire ; il se plaisait dans la causerie, sans y blesser jamais aucune vertu chrétienne. Il avait même, à cette époque, un penchant marqué à la taquinerie; on pourrait citer maints tours amusants de son invention ; à tout moment, les bons mots venaient fleurir dans sa bouche. Si quelqu'un de ses camarades laissait trop percer ses petits travers, Jean-Pierre l'avait bientôt agrémenté d'un nom typique, dont le cachet restait parfois imprimé sur lui d'une manière indé-

lébile. Qu'une faute un peu risible perlât en classe
dans quelque récitation distraite, le maître aussitôt
tournait la tête en souriant du côté de notre
espiègle, comme s'il eût voulu dire : « En voilà
une qui ne sera pas perdue ». De fait, elle l'était
rarement.

Malgré ses petits coups de griffe, personne ne
songeait à garder rancune à l'écolier, parce qu'il ne
se choquait jamais des représailles et avait au fond
un excellent naturel.

Il y avait un lieu dans la maison où sa bonne
humeur caustique se changeait invariablement en
sagesse exemplaire ; c'était la chapelle. Il déposait
à la porte ses fines malices déjà ébauchées et, saisi
dès son entrée par la pensée de la présence de
Dieu, il se tenait immobile et recueilli comme une
statue. Là, on ne fut jamais obligé de le rappeler
à l'ordre ; bien plus, sa piété, qui s'y montrait
vive et profonde, était pour tous un sujet d'édification.

Ce respect de la religion le suivait en dehors du
saint lieu ; on n'a pas souvenir qu'il se soit permis
une moquerie sur elle, ou qu'il en ait laissé passer
une seule sans protestation.

Quant à l'étude, il faut le reconnaître, l'écolier
s'y montra lent et mou. Il en a fait souvent l'humble
aveu. Légèrement gâté — on en sait le motif — il
prit tard l'habitude du travail, mais son bon caractère, sa foi et sa vertu lui conquirent néanmoins

l'affection de ses maîtres, auxquels il s'attacha lui-même cordialement.

†

Jean-Pierre Davant faisait son année de troisième, lorsque son vénérable père mourut. Ce fut pour lui un coup terrible. Quoi d'étonnant ? — il perdait un cœur qui l'aimait avec passion et il voyait s'effondrer avec lui dans la tombe toutes ses espérances d'avenir, car après son père qui donc pourvoirait aux frais de son éducation, lesquels devaient être de plus en plus onéreux ? En effet, les sujets étant nombreux dans le diocèse de Tarbes, on n'en prenait qu'une élite obligée de payer pension, non seulement dans les collèges, mais au grand séminaire, pendant les six années que duraient alors les cours préparatoires au sacerdoce.

Par surcroît de malheur, un de ses deux frères suivit de près dans la mort le père pleuré avec tant de larmes, et le jeune homme, nouvellement marié, laissait après lui un enfant âgé à peine de quelques mois. C'était le comble de l'épreuve. Jean-Pierre courba la tête sous les coups de la Providence; tout désormais fut noir dans son existence, il perdit même l'espoir de s'y orienter.

Mais Dieu veillait, parce qu'il avait ses desseins sur lui ; une éclaircie se produisit dans ces épaisses ténèbres. Par un dévouement sublime que M. Davant s'est plu à célébrer toute sa vie, sa jeune belle-sœur, malgré la charge de son petit orphelin, engagea sa dot pour lui faire continuer ses études.

Tout le pays admira cet héroïque sacrifice. Deux ans après, quand Jean-Pierre, déjà orné de la tonsure, revint d'un diocèse étranger, passer chez sa mère ses premières vacances, de Bordeaux à Tarbes, il se trouva dans la diligence à côté d'un chrétien fervent qui, le sachant de Monnères, lui fit un éloge pompeux de la jeune veuve, décidée à courir le risque de la dernière détresse pour entretenir son beau-frère au séminaire.

« Si l'abbé, ajouta-t-il, ne se souvient pas d'elle un jour, il sera un fameux ingrat. — Mais il ne le sera pas, reprit son interlocuteur, car cet abbé, c'est moi ». Le brave homme un peu étourdi du coup tendit la main au noble jeune homme, en lui disant : « Vous avez du cœur, vous êtes digne de « la sainte femme et vous ferez un bon prêtre ». La prophétie s'est réalisée.

Quand Jean-Pierre Davant eut terminé sa seconde, il ne voulut pas accepter plus longtemps dans sa totalité un sacrifice qui, pour être méritoire, n'en conduisait pas moins sa belle-sœur à la ruine. Il rêva les *Missions étrangères* ou le *Saint-Esprit*, maisons anciennes et bien assises, dans lesquelles l'éducation des clercs est absolument gratuite. Un de ses maîtres aimés, ne concevant pas la vie agitée et virile de l'apostolat des colonies ou des pays infidèles, pour cet adolescent doux et timide qui, dans la crue des eaux, faisait un détour de plusieurs kilomètres, pour passer la rivière sur le pont de Tarbes et éviter ainsi une traversée à gué, dont se jouaient ses condisciples, lui donna le conseil de s'offrir à quelqu'un des diocèses de France où le clergé se recrutait sur place d'une manière insuffisante.

Justement M. Valette, supérieur du grand séminaire d'Angoulême, se trouvait en ce moment à la station balnéaire de Cauterets ; sur les excellents renseignements qui lui furent donnés, il accepta volontiers le jeune étudiant ; et à la rentrée suivante, 1839, il lui ouvrit les portes de sa maison au prix d'une pension modique.

Le moment de partir arrivé, le jeune homme, revêtu déjà du costume des lévites, embrassa en pleurant sa mère et sa belle-sœur non moins émues que lui, et il se mit en route avec quelque joie de souffrir, pour répondre aux durs sacrifices imposés aux siens par son éducation.

Le voyage dura deux jours entiers. La vue des régions nouvelles traversées par le jeune Jean-Pierre ne lui donna pas de grandes distractions : il était triste, car il allait vers l'inconnu, en sachant ce qu'il laissait derrière lui. Mais le sort en était jeté, il n'y avait plus à reculer.

Son cœur battit bien fort quant il aperçut de loin, sur la route de Bordeaux, les remparts d'Angoulème. Une heure après, confiant en la Providence qui ne l'avait jamais abandonné, les chères images des siens voilées pour un instant dans sa mémoire, il frappa à la porte du séminaire.

Averti par son cœur de ce qu'il pouvait y avoir d'appréhensions et d'amers regrets au fond de l'âme de ce jeune homme si loin de son pays, M. Valette lui fit un accueil vraiment paternel. Cette bienveillance lui rendit la paix et, en mettant le pied dans la cellule où le bon supérieur le conduisit lui-mème, il dit avec un soupir de soulagement : enfin je suis chez moi, ici le travail sera mon repos.

La retraite d'ouverture finie, M. Davant était déjà accoutumé ; il remercia le Seigneur de l'avoir introduit dans le plus doux et le meilleur des refuges.

†

L'étudiant avait sauté sa rhétorique, il sentit que l'absence des principes littéraires de cette classe importante lui serait très préjudiciable et, dès son entrée au grand séminaire, brisant avec ses habitudes molles d'enfance et de jeunesse, il se mit au travail avec ardeur, pour réparer le temps perdu. L'étude de la philosophie lui laissait des loisirs, il les consacra tous aux belles lettres.

A la fin de l'année, il n'était pas de beaucoup inférieur à ses condisciples pour les humanités, et pour le reste il marchait résolûment à leur tête.

Ses directeurs comprirent, dès le premier mois, qu'en lui ils avaient acquis un trésor ; ils se prirent d'estime et d'affection pour ce jeune homme, dont l'âme était si ouverte à la science sacrée, si candide à la fois et si ferme dans la vertu, et d'une piété si soutenue.

L'année fut bonne sous tous les rapports ; M. Davant la trouva trop courte, et il vit venir les vacances avec regret. Comme on le sait, il les passa à Monnères. Il les y passa, dès le troisième jour, dans un ennui profond. Son cœur était sur les bords de la Charente ; quand le jour de la rentrée se leva, il partit avec bonheur pour aller les retrouver.

Il fut, en arrivant, l'objet d'un bienfait fort appréciable, eu égard à l'état de ses finances. Un de ses directeurs, le généreux M. de La Croix, se chargea de sa pension. M. Davant en ressentit un plaisir indicible : c'était la gêne à peu près bannie enfin de la maison de sa mère, dont sa belle-sœur, dévouée comme Ruth, n'avait pas voulu se séparer.

De cette époque, datent les relations intimes faites de reconnaissance, de vénération et d'amitié qui ont toujours uni M. Davant à M. de La Croix.

Ce n'est pas le seul témoignage d'affection donné par la direction du séminaire à sa jeune recrue des Pyrénées. Pour lui éviter avec un long voyage des dépenses inutiles, aux vacances suivantes, elle lui obtint une place d'adjoint au maître de psallette de la cathédrale, ce qui lui permit de rester à Angoulême et d'y gagner modestement sa vie en s'occupant des enfants de chœur.

L'année suivante se passa sans incident notable, au milieu des exercices de piété et des travaux théologiques dont la vie du séminaire est composée. M. Davant subit l'épreuve de ses deux examens avec un succès croissant.

Vers la fin des cours de 1841, il avait reçu les ordres mineurs des mains de Monseigneur Guigou. Le bon évêque, à cause de sa paralysie, dut les conférer dans le grand vestibule du premier étage de l'Évêché.

En la circonstance, il fut prophète par rapport à son minoré pyrénéen. En effet, la cérémonie terminée, tous les ordinands allèrent recevoir de lui l'accolade paternelle ; quand ce fut le tour de M. Davant, « en voilà un, dit le prélat, qui est bien jeune, il restera longtemps au séminaire. » Cette prédiction fut amplement réalisée, comme on s'en convaincra.

Sur la fin de 1842, le 21 mai, appelé par tous ses maîtres à faire le grand pas sur le seuil réservé de la carrière ecclésiastique, M. Davant reçut l'ordre du sous-diaconat à Bordeaux, Monseigneur Guigou, agonisant au moment de son départ pour la retraite, était dans l'impossibilité absolue de le lui conférer.

A son retour, il trouva le prélat mort; sa belle âme était remontée vers Dieu le jour même de l'ordination.

Ce vertueux évêque avait confessé la foi et souffert l'exil pendant la Révolution. Il s'était acquis une grande réputation, tant par l'aménité de son caractère que par sa beauté physique et son habileté dans le maniement des affaires. Les coups de son impitoyable maladie l'abattirent trop tôt pour son diocèse. Quant à lui, il avait trouvé le moyen de se sanctifier d'une manière admirable en supportant héroïquement ses longues souffrances. Lorsqu'il quitta cette terre, il était bien mûr pour le Ciel.

M. Davant veilla avec les autres élèves du séminaire sur sa dépouille mortelle jusqu'au jour des funérailles. Quelques semaines après, s'ouvrirent les vacances. Ses services n'étant pas nécessaires, comme l'année précédente, à la maîtrise de Saint-Pierre, il partit pour les Pyrénées.

Le séminariste ne retrouva pas sa mère; la sainte femme était morte sans avoir revu son fils; elle dormait à côté de son mari sous l'herbe du cimetière. M. Davant y pleura longtemps à genoux ceux qu'il avait le plus aimés en ce monde. Au retour, la petite maison de famille lui parut bien grande; il y vécut dans une tristesse profonde, malgré les délicates attentions de sa belle-sœur,

habile à prendre tous les moyens possibles de
combler le vide fait par les absents.

✝

Pendant qu'elle s'efforçait d'adoucir au jeune
homme les douleurs de l'exil, la Providence ne
cessait pas d'avoir les yeux sur lui. Il se passait
alors à Angoulême des événements qui allaient lui
tracer définitivement sa carrière et exercer sur le
reste de sa vie une souveraine influence.

L'ange de cette Eglise, veuve de son premier
pasteur, sans être entièrement consolé, ne versait
plus de larmes : Dieu avait déjà substitué au
vénéré défunt un héritier de son esprit et un continuateur de ses œuvres.

C'était Monseigneur Régnier, précédemment
vicaire général d'Angers.

Jamais peut-être homme plus droit, aux idées
plus larges et en même temps plus pratiques,
n'avait été appelé à l'honneur de porter la crosse.
Sa culture dans les lettres profanes et divines était
remarquable ; sous des apparences sèches et froides,
il cachait un cœur d'or.

Il aimait le travail, mais, après s'y être appliqué
des heures avec passion, il se plaisait aux distractions marquées par la plus franche gaieté. Les
bons prêtres purent toujours compter sur lui, et
ceux qui eurent le malheur de le contrister le

trouvèrent, dès qu'ils reconnurent leurs torts, animé pour eux des sentiments miséricordieux d'un vrai père. Il a été toute sa vie une des gloires les plus pures de l'Église ; il méritait de mourir dans la pourpre de ses princes.

A peine M. Davant l'eut-il connu qu'il lui voua un respect, une admiration, on peut dire un amour sans mesure.

Il eut pour concevoir envers lui de pareils sentiments des raisons excellentes et tout à fait personnelles.

Nommé le 18 juin 1842, Monseigneur Régnier fut préconisé le 27 juillet et sacré le 27 septembre au séminaire de Saint-Sulpice.

En attendant sa prise de possession, il étudia de loin son diocèse, le terrain sur lequel il allait travailler, et surtout son grand séminaire, le foyer de la lumière et du bien qu'il voulait faire rayonner autour de lui.

Or, en ce moment, la chaire de philosophie y était vacante. Le titulaire, M. l'abbé Roux, de Tulle, gravement malade, avait été obligé d'en descendre, et même de rentrer dans son pays. M. Valette avertit du fait l'évêque nommé ; celui-ci le chargea de trouver un successeur au professeur démissionnaire. Les recherches furent infructueuses. Monseigneur Régnier lui-même ne put, dans son diocèse d'origine, mettre la main sur aucun prêtre qui voulût accepter la place ; Saint-

Sulpice pressenti n'eut pas de sujet à donner ; l'administration du séminaire resta plusieurs jours dans un embarras extrême, d'autant plus pénible que les vacances, passées tout entières dans ces négociations, touchaient à leur fin.

Tout à coup la lumière se fit dans l'esprit du supérieur et, se frappant le front : vraiment, se dit-il, avec un sourire, nous sommes naïfs de battre le monde pour découvrir un homme que nous avons sous la main. Monseigneur Régnier arrivé dans le diocèse reçut communication de son idée et l'adopta pleinement.

De retour au grand séminaire, le jour de la rentrée générale, M. Davant avait tranquillement commencé avec ses condisciples sa troisième année de théologie, lorsque l'excellent supérieur le manda dans sa chambre, lui apprit le choix fait de sa personne pour remplacer M. Roux, et l'avertit d'avoir à préparer pour le lundi suivant sa première leçon de philosophie.

C'était le 18 octobre 1842.

La foudre fut tombée sur le jeune sous-diacre qu'il ne se serait pas senti plus écrasé. Avant d'avoir fini son cours de théologie, au milieu de confrères, dont plusieurs étaient ses aînés, devenir soudain le professeur des plus jeunes qui, depuis plusieurs jours déjà, le coudoyaient avec l'aimable familiarité de leurs dix-huit ans ; être appelé, malgré son défaut complet de préparation, à faire

une classe d'une extrême importance, c'était pour
lui une perspective étrange, insensée, presque un
cauchemar.

Sa nature timorée ou, pour mieux dire, faible
en fut épouvantée ; il supplia le vénérable supérieur de ne pas lui imposer une charge si au-dessus
de ses forces.

Ce fut en vain. De son ton sec et nerveux,
M. Valette lui répondit que l'on avait confiance
dans la rectitude de son jugement, son intelligence,
son amour de l'étude, l'ampleur de sa mémoire et
sa vie exemplaire ; que, du reste, il serait là, lui le
supérieur, pour le guider dans ses débuts et lui
aplanir les premières difficultés ; qu'il avait simplement à se soumettre à la volonté de ses chefs et
à la décision de la Providence.

M. Davant se rendit, il le fallait bien ; mais avec
quelles terreurs, quelles restrictions !... Il demanda comme une faveur insigne, tout au moins
pour l'année commencée, de garder sa cellule
ordinaire, sa place au réfectoire, à la chapelle et
partout, au milieu des élèves. La proposition était
humble, mais inacceptable. Le jeune professeur
devait se montrer avec sa qualité, non seulement
en classe, mais dans tous les lieux et pour tous
les exercices de la maison, son autorité était à ce
prix.

M. Davant se tint donc par force sur le même
pied que les prêtres vénérables et distingués qui

lui ouvraient leurs rangs. Du reste, il n'eut pas à se plaindre d'eux, leur accueil fut des plus sympathiques.

De leur côté, les jeunes étudiants ecclésiastiques, étonnés d'abord de cette brusque élévation d'un des leurs, l'acceptèrent presque immédiatement avec le meilleur esprit. L'avenir de M. Davant était fixé : il devait occuper neuf ans sa nouvelle situation.

CHAPITRE II.

Professorat.

Le jeune professeur improvisé se mit immédiatement à l'œuvre, afin d'être le plus tôt possible à la hauteur de sa mission. Pour y réussir, il n'avait pas de temps à perdre.

En effet, il entendait bien n'omettre aucun de ses exercices de piété ; il voulait, en outre, étudier pour son compte personnel les traités théologiques de la troisième année, dont il ne devait pas avoir l'explication en classe, et se mettre en état de subir avec ses anciens condisciples les épreuves imposées aux candidats qui briguaient le diaconat et la prêtrise.

Les connaissances ainsi acquises lui furent utiles assurément, mais non pas pour recevoir les ordres, car Monseigneur Régnier, bien instruit de sa valeur, lui déclara qu'un professeur examine et n'est pas examiné.

M. Davant fut donc ordonné diacre, sans avoir à démontrer sa science, le 6 du mois de juin 1843, et prêtre le 10 octobre de la même année.

Un événement singulier marqua pour lui ce grand jour.

Il souffrait depuis quelque temps d'une tumeur au genou, sans le confier à personne : quand il tomba sur le parquet du sanctuaire, au moment de la prostration générale, il ressentit une douleur indicible ; mais, en se relevant, il ne trouva plus sa tumeur : elle ne s'était pas simplement déplacée, elle avait disparu ; le jeune prêtre était radicalement guéri. Il garda de cette faveur miraculeuse un souvenir ineffaçable.

†

Revêtu du sacerdoce, M. Davant s'occupa avec une ardeur nouvelle de la préparation de son cours. Le vent ne soufflait pas alors comme de notre temps vers les études philosophiques ; on n'avait sur la matière que des livres rares et incomplets, notamment Bouvier, l'auteur classique.

Le jeune professeur fouilla dans des ouvrages plus étendus et prit une immense quantité de notes. Malgré la vogue de Lamennais, Ubaghs et Bautain, de Victor Cousin, de l'école allemande et écossaise, etc., il eut le grand mérite de ne pas donner dans leurs systèmes, dont son grand bon sens lui montrait le vice. Il les écarta de son chemin.

Il ne revint pas pour cela à la scolastique ; les traditions en étaient abandonnées depuis longtemps, et elle devait attendre son réveil plus d'un quart de siècle encore. Il s'adressa cependant aux auteurs des âges passés ; son évêque le dirigeait lui-même de ce côté, en lui disant dans sa langue pittoresque : « C'est bien, mon ami, travaillez sur le vieux ; c'est encore ce qu'il y a de plus solide et de plus neuf. »

M. Davant se fit de la sorte un cours vraiment personnel. Avec sa bonne mémoire, il l'apprit si bien que, dans les récapitulations générales préparatoires aux examens, il répétait à ses élèves, en des termes identiques, les explications qu'il leur avait données des mois auparavant.

Les questions philosophiques lui devinrent donc absolument familières, et il réussit à les exposer avec une parfaite lucidité. De tout temps, on a vu des professeurs dont la science n'est pas douteuse et qui n'ont pas le talent de la communiquer ; ils savent pour eux, les élèves ne profitent pas de leurs connaissances. Ces hommes écriraient bien peut-être, ils ne devraient pas monter dans une chaire. Avant tout, quand on enseigne, il importe de se faire comprendre ; trop briller ou être obscur, c'est rester également inutile. Le but nécessaire du maître est de meubler l'esprit de ses élèves en l'éclairant ; pour l'atteindre, il lui faut éviter de se traîner dans l'ornière et de se perdre dans les nues.

Telle fut l'ambition de M. Davant. Il eut le bonheur d'arriver à ses fins. Il se mit à la portée de ses élèves ; il traita toutes les matières de son programme d'une manière lumineuse ; sa parole fut sobre, précise et nette comme la vérité. Il ne songea point à relever son style très simple par de riches comparaisons et d'abondantes figures, à rechercher les grands aperçus, il ne voulut être que pratique. De la sorte, son enseignement n'eut ni une grande élévation ni une vaste portée, mais il fut clair et plein de bons sens ; le succès le couronna chaque année ; c'était le point capital.

En effet, bien que toutes les rentrées amenassent dans sa classe — malheur commun à la plupart des professeurs — des mémoires lentes et des intelligences paresseuses, il fit si bien qu'il se trouva rarement des élèves incapables de suivre son cours.

Ils ne furent jamais tous de la même force, mais on ne vit pas à l'extrémité de leurs rangs de ces queues malheureuses, dont l'épaisseur et le poids empêchent quelquefois la tête d'avancer.

Pour en arriver là, M. Davant se livra au travail avec une persévérance acharnée, car il n'avait point la prétention de savoir par intuition, sans se

donner de peine. Il faut même le dire — car cet
excès blâmable l'honore — afin de passer plus de
temps à l'étude, il supprima les promenades, les
récréations; la nuit même vint apporter un sup-
plément précieux à ses journées pourtant bien
remplies.

La fatigue, on le comprend, fut énorme. Cependant, lorsque le jeune professeur sut en quelque
sorte par cœur toutes les questions philosophiques, il regarda plus loin et se créa d'autres
occupations. Prêtre, il crut nécessaire de se livrer
à la prédication. Pour y réussir, en vue du bien
des âmes, il acheta tous les orateurs sacrés de
Migne. Les modèles, on le voit, ne lui manquèrent
pas : cent volumes, grand in-4°, compactes, à deux
colonnes; c'était vraiment assez. Comme il l'a
ingénument avoué depuis, il y chercha d'abord
plus les fleurs que les fruits. A ce trait, on recon-
naît le jeune homme qui avait achevé sans maître
son cours de belles lettres. Le goût en lui n'était
pas suffisamment formé; il sacrifiait le fond à la
forme, sans donner à celle-ci un fini irréprochable.
Ceux qui l'ont entendu, dans l'exercice de son ministère pastoral, ne manqueront pas de se dire, en
lisant ces lignes : « *Quantum mutatus ab illo!* »
La chose n'en est pas moins vraie.

M. Valette, son vigilant mentor, l'en avertit :
« Vos sermons, lui dit-il, sont trop jeunes, vous
devez appuyer sur la doctrine plus que sur le

style. » Le disciple obéissant retint la leçon et changea radicalement son genre.

Alors les demandes de prédications affluèrent. Sans négliger sa classe, M. Davant donna des retraites dans les communautés, parla fréquemment devant les séminaristes, parut dans les chaires de la ville. Pour conclure, il se donna un surcroît d'occupations énorme.

Si on ajoute que le laborieux directeur était dévoré par les scrupules, au point de ne pouvoir réciter tout seul son bréviaire et d'hésiter sans cesse durant la célébration de la sainte messe, on comprendra que ses travaux de cabinet, les épreuves infligées à ses nerfs par la parole publique, ses migraines, sa classe et ses tourments de conscience furent bien capables de l'épuiser avant le temps.

A vingt-huit ans, chauve, maigre et pâle comme au jour de sa mort, il semblait usé.

✝

Ce n'est pas tout. A la fin de l'année scolaire 1851, le 24 juillet, il fut nommé professeur de morale.

Le vénérable M. Trouette, incorporé au chapitre de la cathédrale depuis deux ans déjà, n'enseignait plus cette science qu'à titre provisoire. Il lui fallait un successeur ; le choix de l'autorité s'arrêta sur M. Davant.

Ce n'est pas Monseigneur Régnier qui agréa sa

nomination. Après avoir fait dans le diocèse un bien immense, l'illustre prélat avait été, malgré ses nobles résistances, transféré au siège archi-épiscopal de Cambrai, par un décret du 16 mars 1850. Son départ fut un des grands chagrins de notre professeur. Il était le premier prêtre sur la tête duquel s'était posée la main du grand évêque ; il avait été souvent éclairé, soutenu, encouragé par lui ; il en était venu à se croire, non pas son subordonné, mais son enfant.

M. Davant le pleura comme on pleure un père, lui garda un souvenir vraiment filial, une recon-naissance très vive, et parla toujours de lui avec admiration et tendresse.

Cependant, un autre pontife venait d'arriver, qui devait avoir pour le jeune professeur la même bienveillance et obtenir de lui le même respect affectueux.

Monseigneur Cousseau était supérieur du grand séminaire de Poitiers, lorsque les regards de l'au-torité civile et de la Cour Romaine s'arrêtèrent sur lui.

Nommé par décret du 17 janvier 1830, préconisé par Pie IX, le 23 septembre, le nouvel évêque d'An-goulème fut sacré à Saint-Pierre de Poitiers le 29 décembre. Le même jour, il adressait à son Eglise une belle lettre pastorale et, le 30 du même mois, il faisait son entrée dans sa cathédrale.

A partir de là, pendant vingt-deux ans, il rem-

plit sa mission avec une vivacité d'esprit, une lar-
geur de vues et une bonté remarquables. Doué
d'une belle intelligence et d'une vaste mémoire,
nourri des chefs-d'œuvre de l'antiquité, possesseur
de toutes les branches de la science ecclésiastique
dont l'exposition se déroulait sous sa plume dans
le style le plus noble ; tout pénétré de la dignité
du sacerdoce qu'il avait apprise pour lui-même à
l'école des Basile, des Athanase et des Chrysos-
tôme et inspirée ensuite à des générations de
prêtres, le nouveau pontife devait être un des
grands évêques du siècle.

C'est la gloire de M. Davant d'avoir été distingué
par lui et d'en avoir reçu maints témoignages
d'estime et d'attachement.

Le premier de ces témoignages fut sa translation
de la chaire de philosophie à celle de morale, dont
il a été question plus haut. Le second, qui suivit
de près le premier, sa nomination de chanoine
honoraire. En effet, le prélat dans sa bonté se plut
à combler l'excellent professeur ; après lui avoir
imposé la charge, il lui donna la récompense, il le
revêtit de la mozette le 16 septembre suivant.

Son but, en lui conférant cette dignité, était bien
d'abord de lui prouver son affectueuse confiance,
mais ensuite de l'encourager au milieu de l'acca-
blement où devait le plonger la perspective d'un
nouveau travail délicat et important.

Le bon évêque y réussit sans peine. Outre, en

effet, que M. Davant tint à reconnaître la faveur dont il était l'objet et à remplir consciencieusement son devoir, il se livra à l'étude de la morale par une véritable inclination naturelle. Aussi, tout en aimant la philosophie, il la quitta sans regret pour une science de pure autorité, où il était sûr de ne jamais perdre pied et de ne pas nager au hasard. Il l'avait déjà étudiée, il la connaissait, toutes ses préférences lui étaient acquises ; en acceptant de l'enseigner aux autres, il y trouva pour lui-même un goût, une saveur, des délices qu'il lui semblait ne pas avoir encore soupçonnés ; elle devint, comme on le verra, la grande attraction de sa vie.

Désireux d'être prêt à la rentrée, il passa toutes les vacances à préparer son cours ; à partir de sa nomination, il se plongea dans ses auteurs, au point de n'en plus sortir.

Le mot *ses auteurs* est écrit ici à dessein. En voici la raison :

M. Davant — faisant en cela preuve d'un flair remarquable — rompit avec les traditions de son temps et de son pays, par conséquent les siennes. Il avait étudié dans Bailly et y avait puisé, comme tous ses contemporains, des principes fort peu conformes aux doctrines romaines.

Ce théologien n'était pas encore à l'index ; mais le nouveau professeur de morale, devinant le vice de ses théories, le mit complètement de côté et prit à sa place Gury, Scavini, le compendium de S. A. de Ligori, Monseigneur Gousset. Le système gallican adopté jusque-là se trouva condamné et proscrit par le fait même. A M. Davant revient la gloire d'avoir imprimé le mouvement qui devait aboutir en très peu de temps à sa ruine complète dans le diocèse.

Non seulement il voulut des doctrines saines et vraies, mais il eut à cœur de les enseigner en homme pratique.

Pour cela, il devait d'abord les comprendre lui-même et s'en nourrir. Il fit donc une étude approfondie de chacun de ses traités. Une question examinée, il ouvrait Pontas et Gury, et cherchait à bien appliquer les principes dont il s'était pénétré en tranchant, au moyen de ses seules données personnelles, les difficultés exposées dans ces deux casuistes. Se voyait-il dans l'impossibilité de trouver la solution raisonnable, il ne craignait point de consulter son supérieur, son évêque, un homme faisant autorité dans la matière. Quelques cas de Gury lui parurent mal posés ou mal résolus, il en écrivit au célèbre jésuite lui-même ; celui-ci lui donna raison contre son propre enseignement. Cet exercice sérieux lui valut par la suite une sorte d'infaillibilité dans ses décisions.

Si on considère sa science par rapport aux élèves, voici ce qu'on en peut avancer. M. Davant ne manqua pas d'étudier les grandes thèses de la

morale, mais il n'y consacra que le temps nécessaire pour posséder des principes inattaquables,
d'où il pût tirer des conclusions utiles à la direction des âmes et à l'instruction des fidèles, comme
à celle des étudiants ecclésiastiques.

En somme, il aurait dit volontiers aux spécu-
latifs : à vous les grandes idées, les profonds
aperçus, les sublimes synthèses, les harmonies
de la foi et de la raison dans les lois fondamen-
tales de la vie humaine, les brillantes théories
applaudies sur le moment et facilement oubliées
ensuite. A moi, formateur des pères spirituels qui
engendreront les âmes à Jésus-Christ, à moi, directeur des consciences, à moi, homme de Dieu, le
détail des préceptes, la fixation des règles usuelles
dont l'observation préserve du péché, augmente la
grâce, affermit la sainteté. Il faut avant tout que je
sois utile. Si j'y parviens, ma part est assez belle;
elle mérite d'être enviée.

Tels furent le plan et le but de son enseignement moral. Peu d'esprits y trouveront à redire.

✝

C'est probablement peu de temps après avoir
pris possession de sa nouvelle chaire que M. Davant
dut se charger d'une autre fonction, pour laquelle il
ne se sentait aucune aptitude. A considérer la chose
d'une manière superficielle, M. Valette eut, en

effet, une idée singulière : il imagina de faire de
lui un économe, tout en le laissant professeur.
M. Davant était assurément pour le vieillard un
fils respectueux et un auxiliaire dévoué ; mais si
l'excellent supérieur crut sérieusement avoir dé-
couvert en lui un procureur émérite, il se trompa
de toute la hauteur du ciel.

Un événement bien simple, quoique caractéristique le tira bientôt d'illusion. Soit dégoût de
l'opération par trop longue, soit crainte exagérée
d'une erreur alarmante pour son extrême délicatesse, le jeune directeur ne put jamais venir à
bout de sa première addition.

M. Valette ne fut point découragé par cet échec
significatif. Esprit délié, homme fin, il savait à
n'en pas douter qu'il n'avait rien à attendre du
professeur de morale, pour la tenue de ses livres, le
gouvernement matériel de sa maison et sa comptabilité. On peut dire plus : c'est précisément ce
qu'il voulait, car à ses yeux l'économe modèle
devait l'être d'une manière purement nominale, et
lui laisser réellement toute la besogne. Il fut servi
à souhait. M. Davant se contenta de signer les
pièces préparées par son supérieur. De ce côté,
son surcroît de travail ne fut donc point considérable.

Pas n'était besoin de lui en ajouter, il en avait
largement assez. La préparation de sa classe, sa
course dans la casuistique à la recherche des diffi-

cultés capables de l'embarrasser et ses nombreuses prédications eurent un résultat désastreux. M. Davant ressentit à la tête une fatigue extrème ; il crut que pressée par un poids énorme elle éclaterait ou rentrerait dans ses épaules.

Aussi, deux ans seulement après sa nomination à la morale, il eut par rapport à sa santé les craintes les plus vives, et se demanda anxieusement quel parti il allait être obligé de prendre.

La Providence, comme toujours, se chargea de son avenir.

✝

Durant les vacances de 1853, voyant que de ses professeurs du grand séminaire, les uns étaient affaiblis par l'âge, les autres infirmes et malades et que, en résumé, le personnel n'avait plus la force nécessaire pour remplir son importante mission, Monseigneur Cousseau, après mûre réflexion, s'arrêta à l'idée de le changer presque entièrement.

M. Saivet, jeune prêtre, plein de distinction et de talent, venu avec lui de Poitiers, enseignait l'écriture sainte et l'histoire avec éclat, il décida naturellement de le conserver, en le faisant passer au dogme. Le professeur de morale avait, il est vrai, une santé délabrée, mais il était à un âge où la nature possède une sève assez puissante pour se reconstituer en peu de temps. Le judicieux évêque le savait du reste instruit, dévoué, d'une vertu éprouvée, capable de fournir une longue et utile carrière dans la préparation des jeunes clercs au sacerdoce. Il résolut aussi de l'attacher définitivement au corps enseignant.

Il le manda donc à l'évêché et l'avisa de ses intentions, en lui disant avec une souveraine amabilité : « Ancien déjà dans la maison, vous êtes très bien au courant de ses usages et de son esprit, je vous considère comme un auxiliaire indispensable pour M. Berchon (1) et les autres ecclésiastiques (2) appelés à prendre les rênes du gouvernement, sans être encore, malgré leurs qualités d'esprit et de cœur, suffisamment préparés à leurs délicates fonctions ; vous resterez donc, mais vous ne serez pas isolé dans la nouvelle administration, car je vous adjoins M. Saivet, dont vous avez depuis longtemps toute l'affection. »

Ebranlé, mais non convaincu par ces solides raisons exposées avec tant de bonté, M. Davant demanda quelques jours de réflexion et s'ouvrit de ses perplexités à son excellent supérieur. Celui-ci lui conseilla vivement d'accepter les propositions du vénérable évêque.

Son jeune disciple n'eut pas la force de s'y décider.

(1) Archiprêtre, curé de Cognac, supérieur.
(2) MM. Rabaud, Maratu, Chabauty, Laforêt, directeurs.

D'abord, il regardait comme un devoir de cœur d'accompagner dans leur retraite les maîtres et collègues distingués auxquels il tenait par les meilleurs côtés de son âme ; puis, quel serait le plan du nouveau supérieur, le caractère de ses aides, le souffle inspirateur de leurs actes ? — il l'ignorait ; pourrait-il se plier à leurs habitudes et, pour ainsi dire, se couler dans leur moule ?.....

Au milieu du changement de front, appelé probablement à s'opérer dans les idées et la discipline, quelle figure ferait-il devant les élèves ? S'il acceptait sans résistance toutes les innovations, n'aurait-il pas l'air de donner tort à ses anciens collègues ? S'il désapprouvait, ne serait-il pas un ferment de mauvais esprit, un élément de discorde ? Quelle apparence, du reste, que sa santé plus mauvaise que jamais pût tenir au milieu du surmenage auquel il serait certainement condamné ! Il avait besoin d'un congé, n'était-il pas préférable pour lui de se retirer définitivement ?...

Au milieu des hésitations produites par ce flot de questions sans réponse, l'honnêteté naturelle de M. Davant lui suggéra la plus raisonnable et la plus pratique des idées. Il se rendit chez son docteur et le pria de lui dire nettement ce qu'il pensait de son état. Mis au pied du mur, ne pouvant se dérober à cette demande catégorique, l'homme de l'art lui déclara qu'à son avis il était menacé d'un ramollissement du cerveau, et que, dès lors, il devait s'interdire tout travail de tête un peu pénible ; qu'il y allait pour lui de la vie.

M. Davant fut attéré, mais sa ligne de conduite se trouvait tracée. Après avoir fait son acte de soumission à la volonté de Dieu, il décida irrévocablement son départ du séminaire. Monseigneur Cousseau se rendit à ses raisons et ne le comprit pas dans la combinaison qu'il avait élaborée.

Il s'agissait maintenant pour le démissionnaire de trouver un gîte et un gagne-pain. La découverte n'était pas facile. D'abord c'était un sujet d'épouvante pour lui d'avoir une maison à tenir : l'expérience ne lui avait que trop démontré ce dont il était capable sur ce point.

M. Valette, mis au courant de ses appréhensions, bondit littéralement de joie. Il était désolé de se séparer de son disciple préféré ; il s'empressa de lui cffrir le vivre et le couvert, au prix d'une pension très modique. M. Davant ne se fit pas prier pour accepter. Aussitôt il acheta quelques meubles indispensables et un peu de linge ; sa note acquittée, il se vit en possession d'un franc qu'il remit au concierge, avec commission d'en faire bénéficier le premier pauvre venu.

Tout était réglé. A la fin de juillet 1853, il quitta le séminaire pour toujours. Ce ne fut pas sans un véritable déchirement de cœur : le jeune prêtre avait espéré y mourir ; mais la Providence elle-même en ordonnait autrement ; il lui obéissait, les larmes aux yeux, mais courageusement. Maintenant, il deviendra ce qu'il plaira au Maître souverain.

CHAPITRE III

Vie d'aumônier.

Le père et le fils, M. Valette et M. Davant, se rendirent dans une petite maison de la rampe d'Obezine et s'y installèrent avec leurs douloureux souvenirs et la joie de rester ensemble. Ils reprirent de concert la vie de communauté qui les préservait, l'un des soucis redoutés d'un ménage, l'autre du chagrin de la plus dure des séparations, tous les deux d'un cruel isolement. M. Davant occupa dans la maison de son supérieur une humble cellule à peu près aussi spacieuse que celle du séminaire; il sut la sanctifier et y demeura cinq grandes années.

M. Valette étant chanoine titulaire, son sort matériel ne l'inquiétait pas. Son commensal, placé dans des conditions toutes différentes, n'avait pas les mêmes raisons de se tranquilliser.

Au moment où il se décida à partir du séminaire, Monseigneur Cousseau lui offrit le ministère pastoral. La pensée de la responsabilité épouvanta le jeune prêtre scrupuleux ; il refusa. « Mais alors que voulez-vous que je vous donne ? reprit le bon évèque. — Monseigneur, répondit-il, *alimenta et quibus tegar*, de quoi vivre et me vêtir, voilà tout ce que je demande. »

Sa Grandeur le nomma à l'aumônerie du Bon Pasteur. Comme il était à cette époque dépourvu de toute ressource personnelle, cette position ne suffisait pas pour lui assurer le strict nécessaire dont il offrait de se contenter. La Providence vint à son secours.

Vers le même temps, l'aumônier du lycée, M. Déroulède, se trouvait sérieusement malade et la rentrée des classes s'annonçait très forte ; il avait absolument besoin d'un aide ou, pour mieux dire, d'un suppléant.

M. Davant lui fut donné comme adjoint et, en homme de conscience, il s'occupa avec zèle de cette nouvelle fonction, comme de l'autre.

Il avait désormais un grand but à poursuivre : former Jésus-Christ dans l'âme pure des enfants et lui rendre dans le cœur des converties son trône renversé par les passions ; — il n'avait pas à donner ses soins à la préservation qui fut fondée seulement la seconde année de son entrée à Saint-Pierre, en qualité de chanoine titulaire.

Sur ce double apostolat principal, il s'en greffa

bientôt un autre, dont l'importance n'était guère moindre.

L'administration du lycée était chrétienne, et elle jouissait d'une complète liberté dans l'application de ses idées au personnel tout entier. Le proviseur, homme de discipline et de jugement, voyait avec regret ses nombreux domestiques vivre en dehors des pratiques de la foi ; il eut la pensée de s'occuper de leur instruction, au point de vue religieux, bien sûr que leur conscience en tirerait grand profit et que le lycée n'en souffrirait point. La proposition de se charger de cette œuvre vraiment apostolique fut faite à M. Davant. Il l'accepta avec joie, en bon disciple de celui qui a dit : « *Evangelizare pauperibus misit me.* Mon père m'a envoyé prêcher l'Evangile aux pauvres. »

Il donna deux conférences par semaine à cette humble et intéressante assistance. Aimable, familier, instruit, prêt à répondre aux questions de ses auditeurs, à lever leurs doutes et à les encourager dans le bien, dont l'instinct à sa voix se réveillait en eux, il les gagna bientôt corps et âme. Ces braves gens demandèrent spontanément à se confesser et s'approchèrent tous de la sainte table, non seulement à Pâques, mais en outre deux ou trois fois par an. Ce fut une édification générale pour les professeurs et pour les élèves.

L'effet de la nouvelle orientation donnée aux pensées des domestiques se fit bientôt sentir dans

la maison ; jamais on n'y avait été témoin de tant
de politesse, d'activité, de bonne volonté ; jamais
les relations entre maîtres et subordonnés n'avaient
été aussi douces et faciles. La paix, la charité et la
probité régnèrent partout. Les amis de l'établisse-
ment s'applaudirent de la mesure dont cette trans-
formation était la conséquence. C'est, en effet, une
des meilleures qui aient été prises dans ce siècle.
Il est à regretter qu'elle ne se soit pas généralisée.

Les occupations bénies de M. Davant ne se bor
naient pas là. Il confessa, en outre, les religieuses
et les pensionnaires de son cher couvent.

Ainsi il eut le bonheur de donner en même
temps ses soins à tous les amis particuliers du
Christ Jésus : ses épouses dévouées, les pauvres,
les enfants et les pénitentes.

On le voit, sa soumission aux ordonnances de
la faculté, qui lui avait interdit tout travail pénible
de tête, n'était pas absolue. Il aurait mieux fait
de les suivre strictement.

✝

Tout se passa de la sorte jusqu'aux vacances de
l'année 1857. A cette époque, M. Deroulède dût
cesser d'opposer une résistance de fer à la phtisie
qui le consumait à petit feu. Il donna sa démission
d'aumônier du lycée et se prépara dans la paix de
la retraite au grand voyage.

Il lui fallait un successeur ; le proviseur, M. Bour-
zac, aurait volontiers accepté l'adjoint dont il appré-
ciait les excellentes qualités ; il pressentit M. Davant ; celui-ci refusa catégoriquement ses avances,
en déclarant même que si son travail s'augmentait
il serait obligé de se retirer. Il était véritablement
inspiré de Dieu dans sa réponse.

En effet, une année auparavant, le corps des
directeurs du séminaire s'était de nouveau dis-
loqué par la démission ou la maladie de ses membres. Obligé de les remplacer, Monseigneur Cousseau, après s'être entendu avec les Messieurs de
Saint-Lazare, les avait rétablis dans son séminaire, dont ils avaient eu la direction avant la
Révolution française. Ils y étaient entrés le 23
octobre 1856.

Un an plus tôt, aux vacances de 1855, soit délicatesse de santé, soit tristesse de voir que la
marche du séminaire laissait beaucoup à désirer,
soit crainte d'assister impuissant à une suprême
débâcle, M. Saivet avait donné sa démission de
directeur.

Il était parti pour l'Italie, dont le climat chaud,
d'après les médecins, devait l'aider à guérir sa
gorge malade. Grâce aux bons offices de l'ambas-
sadeur de France, M. de Renneval, il put passer
deux ans à Rome, en qualité de recteur de Saint-
Nicolas des Lorrains. Le service de sa petite
paroisse ne l'empêcha pas de préparer ses thèses

de docteur en droit canon et en théologie, de les soutenir brillamment et d'obtenir ainsi ses deux diplômes, sur la fin de l'année scolaire de 1857.

Le jeune docteur, de retour à Angoulême, se trouva sans place. L'évêque fut très heureux de lui offrir le lycée.

Quoique plus avancé en âge, M. Davant accepta volontiers de servir de second au nouvel aumônier, et continua d'exercer dans la maison son utile ministère. L'entente entre les deux prêtres fut admirable : ils se connaissaient depuis longtemps, comme on le sait, et étaient liés par les nœuds de la plus étroite amitié.

L'adjoint dévoué abusa de ses forces et, malgré sa bonne volonté, se vit au bout de l'année scolaire 1857-1858, incapable de remplir sa mission. Tout son courage était tombé avec sa vigueur ; en outre, une douleur morale le minait sourdement.

On se le rappelle, depuis des années sa santé était des plus précaires ; son docteur lui avait défendu de consacrer au travail plus de quelques heures par jour ; il devait passer le reste de son temps en distractions ; bien plus, pour lui éviter toute tension dangereuse de tête, les jeux d'enfants lui avaient été seuls recommandés. Il s'y livra sans croire se déshonorer ; l'aigle de Pathmos n'avait pas pensé s'avilir en s'amusant avec une perdrix apprivoisée.

M. Davant se résigna bien à perdre la plus

grande partie de sa journée, puisque sa vie était à
ce prix ; mais les trois ou quatre heures qu'il avait
le droit de donner au travail, il souffrait d'être
obligé de les sacrifier toutes à l'éducation des enfants, et de n'avoir pas un seul instant libre pour
s'occuper des études plus amples où il trouvait vraiment son bonheur. Il résolut de renoncer au lycée.

Avant de prendre une détermination définitive,
sa première pensée fut, comme toujours, de consulter M. Valette. « Dieu vous a mis à votre poste,
répondit le vieux supérieur, attendez qu'Il vous
en relève ; nous devons nous laisser guider dans
nos actions non par des instincts naturels, mais
par des pensées de foi. » M. Davant ne croyait
point obéir à des mobiles purement humains ;
contre son habitude, il fut d'un autre avis et, un
jour, durant les vacances de 1858, prenant son
cœur à deux mains, il se rendit chez l'Évêque et
formula sa demande de retraite.

Monseigneur Cousseau le reçut avec sa bonté
ordinaire et le pria de réfléchir mûrement avant
d'exiger de lui une réponse.

M. Saivet, alors à Cauterets pour soigner sa
gorge, informé de ce qui se passait, en éprouva une
désolation extrême. Il ressentait pour M Davant
une vive affection, faite d'estime et de confiance.
Sur le champ il écrivit à son évêque de ne pas
prendre au tragique la maladie de l'excellent adjoint, habitué à trop en croire son imagination et

à se frapper sans motif ; de refuser absolument sa demande, pour le bien du lycée auquel il était nécéssaire.

En conséquence de cette lettre, Monseigneur Cousseau eut avec M. Davant un nouvel entretien. Il insista beaucoup pour le faire revenir sur sa résolution ; ce fut en vain, le parti de son interlocuteur était pris, il resta inébranlable. « Mais, comment vivrez-vous ? lui demanda l'Evêque. — Monseigneur, répondit-il, je me contente de peu, j'ai quelques petites économies, la Providence, j'espère, se chargera du reste. » C'était catégorique. Evidemment, pour parler de la sorte, M. Davant, vu sa timidité, devait avoir des raisons d'une solidité à toute épreuve ; il fallait les accepter ou le briser. Le bon évêque ne s'arrêta pas un instant à cette dernière alternative ; il agit en père et céda.

M. Saivet, de retour, accourut à l'évêché, pria, supplia de reprendre l'autorisation accordée ; Monseigneur l'arrêta net en lui disant : « C'est impossible, résignez-vous et qu'il n'en soit plus question. » L'illustre aumônier vit partir son adjoint avec un vif regret, mais leurs relations, loin de souffrir de cette séparation, continuèrent à être de plus en plus cordiales.

✝

M. Davant resta de la sorte uniquement chargé du Bon-Pasteur. Il put vivre : en effet, son évêque

ne lui garda point rancune ; il s'entremit au contraire auprès du gouvernement pour lui obtenir la
jouissance d'un titre fictif ; les religieuses se char-
gèrent de sa nourriture. Elles montrèrent, en
lui fournissant la table, que les fines attentions
ne sont pas le monopole des Visitandines ; et, par
suite, le bon aumônier, sans se départir de la plus
parfaite frugalité, s'habitua à penser exclusivement à lui dans ses repas. Des honoraires de
messes suffisants lui complétèrent un traitement
convenable.

Pour conquérir sa liberté et réserver un peu de
temps à ses chers travaux intellectuels, l'aumônier du Bon-Pasteur avait dû faire un véritable
coup d'état.

En veine de fermeté, il en accomplit un autre
qui coûta à son cœur plus que le premier.

Afin de pouvoir dire chaque jour la messe à sept
heures dans son couvent, il était obligé de partir
de la rampe d'Obezine de grand matin par la
pluie et la bise ; sa santé ne s'en trouvait pas bien
et il perdait beaucoup de temps dans le trajet. Il
prit quoique en tremblant un nouveau parti, et le
mit à exécution sur la fin de cette même année ou
au commencement de la suivante. Après avoir
averti aussi doucement que possible M. Valette
des inconvénients de sa prolongation de séjour
dans sa maison, il lui demanda humblement la
permission d'aller s'installer auprès de son aumô-

nerie. Le bon vieillard, comme frappé de la foudre, resta muet quelques minutes ; puis il fit à
son disciple des reproches sur son ingratitude ; lui
démontra l'impossibilité où il serait de se suffire
seul, gémit, conjura ; mais tout fut inutile, M. Davant tint bon : il avait à conserver sa vie ; en outre,
— raison qu'il ne disait pas, — le vieillard le trai-
tait un peu trop en enfant ; le temps lui semblait
venu de mener enfin une existence d'homme responsable et de voler de ses propres ailes.

Se heurtant à une résistance absolue, le pauvre
supérieur dut se résigner. Son commensal en rup-
ture de banc chercha une chambre à L'Houmeau,
donna l'ordre d'y porter son maigre mobilier et,
une après-midi, partit pour le faubourg. Il n'é-
tait pas seul : M. Valette, accablé de douleur, voulut cependant l'accompagner ; il fit la moitié du
chemin en pleurant ; puis il s'arrêta, embrassa son
enfant sans dire un mot, tant il était suffoqué par
l'émotion, et remonta en ville.

M. Davant souffrit beaucoup de l'immense chagrin de son vieux maître ; et quand la porte de son
appartement se fut refermée sur lui, il se crut seul
au monde.

Les sœurs eurent l'habileté de lui adoucir l'a-
mertume de la solitude. Il put lire un peu, se reposer à sa guise, jouir de la liberté ; il aida, à l'occasion, le clergé de Saint-Jacques et rendit quelques services à Chavagnes. M. Brethenoux, curé

de la paroisse, M. Remise, son vicaire, et M. Abadie, aumônier des Ursulines, vécurent avec lui dans une charmante intimité. Ce fut, au milieu de son existence mouvementée, une assez longue période de paix et de bonheur relatifs.

Aussi sa santé se rétablit un peu, cependant il lui fallut être économe et mortifié pour ne pas contracter de dettes. Il se réduisit au strict nécessaire par rapport au logement et au chauffage. Le feu était modéré l'hiver dans sa cheminée, quelquefois il s'en passait et grelottait sans se plaindre. Il s'habitua si bien aux privations de ce genre qu'il ne les cessa pas, même en étant chanoine ; c'est plus tard, quand il fut chargé de la cure de Saint-Pierre, que ses vicaires le contraignirent à en diminuer enfin les rigueurs.

Ainsi s'écoula la vie du bon aumônier. On dit que les peuples heureux n'ont pas d'histoire ; n'en est-il pas de même des particuliers ? Seule l'alternative des grandes joies et des poignantes douleurs rend émouvante la trame de leur existence ; si leur bonheur est paisible, le silence l'enveloppe. Ce fut le sort de M. Davant, pendant sept années consécutives jusqu'à la fin de 1866.

Les grands événements se précipitèrent alors.

✝

Le 6 octobre, M. Brunelière, curé de la cathédrale et vicaire général, mourut après trois années d'une cruelle maladie. C'était un homme populaire pour sa charité, son esprit conciliant et sa vie régulière. Ses obsèques furent un véritable triomphe. L'église remplie à déborder, une multitude compacte couvrit le parvis Saint-Pierre tout entier. Sa tristesse unanime fit le plus bel éloge du défunt.

M. Davant assistait à ce service funèbre ; à la sortie, s'adressant à son ancien supérieur, M. Valette, il lui dit avec un sourire mélancolique : « A notre enterrement, nous ne serons pas en si nombreuse compagnie. — Qu'importe ? reprit le vieux chanoine ; que notre âme aille au ciel, cela suffit ».

Le 24 du même mois, M. Saivet était agréé par l'Etat comme successeur de M. Brunelière et, le 28, installé par Monseigneur Cousseau. En cette circonstance, après un bel éloge du nouvel archiprêtre, Sa Grandeur déclara avec effusion qu'elle n'aurait pas pu en prendre un plus près de son cœur. Ce mot seul était un beau panégyrique du nouveau curé.

Pendant ces événements auxquels ne fut pas indifférent l'aumônier du Bon-Pasteur, ami de M. Saivet, il s'en prépara un autre destiné à le toucher bien davantage, soit à cause de la profonde affliction où il le plongea, soit à cause des conséquences très graves dont il fut suivi par rapport à son avenir.

Après avoir paru aux funérailles du curé défunt

de la cathédrale, M. Valette monta rarement à
Saint-Pierre. Jusque-là il avait été très fidèle au
chœur; tant qu'il s'en sentit la force, l'énergique
vieillard ne manqua pas une seule fois de remplir
strictement toutes ses obligations de chanoine.
C'est à lui que l'on doit les statuts du Chapitre, un
des meilleurs codes de France sur la matière. Il ne
savait pas seulement bien rédiger, il avait la vertu
d'observer ce qu'il consignait dans ses écrits. Cependant il fit à peine trois ou quatre apparitions dans
le mois de décembre; enfin, il cessa de s'asseoir
dans sa stalle. Il baissait rapidement. Voyant sa
faiblesse, ses amis lui conseillèrent de ne plus
dire sa messe; il s'y résigna durant une semaine
ou deux et garda fidèlement la chambre; mais, le
dimanche 6 janvier 1867, il se montra inflexible et
voulut du moins assister au saint-sacrifice puisqu'il
ne pouvait plus le célébrer. Il partit donc de chez
lui, monta la rue du Sauvage et, arrivé près de la
borne placée à l'entrée du couloir de la *Sagesse*
dont il aimait la chapelle, il s'affaissa, déboutonna
son col de soutane pour avoir de l'air et expira
sans aucun secours du côté des hommes, mais
assurément soutenu par Dieu. Ceux qui eurent la
charité de se baisser sur lui le trouvèrent calme,
sans contraction de visage, comme endormi; le bon
supérieur était allé tranquillement recevoir sa récompense.

O Providence du Seigneur! Il avait toujours

demandé dans ses prières d'être préservé des attaques successives d'une longue paralysie, afin de
ne pas être à la merci de mains étrangères, pour
recevoir d'elles les soins les plus intimes et les
plus indispensables. Ses vœux se trouvaient
exaucés dans leur partie essentielle. Sa mort était
due, il est vrai, à une paralysie, mais à une paralysie du poumon qui l'avait étouffé en quelques
minutes et exempté de la sorte des humiliations
d'une interminable infirmité. Il partait, c'est encore
vrai, sans les sacrements, mais sa mort pour cela
n'était pas imprévue ni vide d'espérances; il avait
trop bien vécu pour être éloigné de Dieu en ce moment suprême, si proche de celui où il avait résolu
de communier. On a le droit de dire de lui « *Beati
mortui qui in Domino moriuntur.*» Heureux les
morts qui meurent dans le Seigneur.

La stalle du père était vide, Monseigneur Cousseau l'offrit au fils. Malgré son attachement profond au Bon-Pasteur, la proposition était trop
honorable pour que M. Davant fût tenté de la refuser; il l'accepta au contraire avec reconnaissance.
L'Etat agréa sa nomination le 23 janvier 1867. Il
quitta donc sa petite chambre voisine du couvent
et vint s'établir sur la plateau, en face de la chapelle du lycée.

CHAPITRE IV.

Canonicat.

Le chanoine est l'homme de la prière publique ; il a pour mission de rendre à Dieu, au nom du peuple, le devoir de l'adoration solennelle et de lui gagner les âmes par la splendeur du culte ; il fait aussi partie du chapitre, corps respectable dont il doit sauvegarder les droits légitimes.

Pour bien s'instruire de ses obligations canoniales, M. Davant écrivit de sa main tout un traité sur la matière. Il paraît que ce travail était précis, lumineux et sage ; qu'est-il devenu ? — Il a probablement subi le sort des autres papiers du bon chanoine et a péri dans les flammes. C'est regrettable.

Sa nouvelle position créa des loisirs au vertueux prêtre ; il eut par suite le bonheur de voir sa santé s'améliorer et en profita pour étendre le champ de ses études ; à la théologie il joignit le droit canonique et la liturgie.

Bien que le plus jeune membre du chapitre, il réussit à introduire certaines réformes utiles dans le service capitulaire, notamment il obtint presque sur toute la ligne le retour au droit commun : c'est ainsi, par exemple, qu'on abandonna le vieux processionnal. La chose n'alla pas sans quelque résistance. Les vénérables collègues du nouveau chanoine tenaient à leurs anciens usages ; pourquoi le dernier venu voulait-il y toucher ?... malgré l'ascendant de ses lumières, ils ne manquaient pas de lui reprocher son humeur innovatrice. Ils allaient même jusqu'à essayer de le convaincre d'erreur par des citations de leurs auteurs gallicans soigneusement choisies. M. Davant se présentait à la réunion suivante, un gros volume sous le bras, l'ouvrait à la page marquée d'avance et leur exposait la vraie doctrine. Déroute complète des agresseurs.

L'argument le plus décisif auprès d'eux en faveur de ses opinions, bien que subversives de leurs antiques traditions, c'est qu'il était au moment voulu le plus ferme défenseur de leurs prérogatives. Il aurait fallu certes en chercher un autre pour permettre à l'administration curiale d'empiéter sur les attributions capitulaires. Il le fit bien voir à son ami intime, M. Saivet chargé, comme on l'a vu, de la paroisse après la mort de

M. Brunelière. L'illustre curé se permit un jour d'organiser une procession afin d'obtenir de Dieu la cessation d'une implacable sécheresse, et il eut le tort plus grave encore de la présider. Avant qu'il eût pu gagner la porte de l'église, stylés par **M.** Davant, les chanoines, dignes et sévères, étaient autour de lui, visant sa chape : le malheureux avait oublié — s'il l'avait jamais su — que toutes les cérémonies publiques sont du ressort du chapitre, même quand il ne songe pas à en prendre l'initiative.

On le verra, le successeur de **M.** Saivet s'est bien gardé de mettre le pied sur le domaine capitulaire, il a plutôt laissé envahir le sien. Par contre, il est vrai, ses vicaires, pas plus que ceux de son devancier, ne furent couchés par le chapitre sur un lit de roses.

Quiconque a connu M. le chanoine Davant, se rappelle combien il était régulier dans l'accomplissement de ses fonctions. Presque toujours le premier au chœur, il y était quelques minutes avant l'heure. Jamais il ne manquait de chanter à son tour, avec la bouche et le nez, de sa voix de basse gutturale mais sonore. Que le lutrin se permît une erreur, le redressement ne se faisait pas attendre. Toutes les cérémonies étaient exécutées par l'excellent chanoine avec une précision infaillible accompagnée d'un peu de raideur ; son maintien y était grave, recueilli, plein de dignité ; en le vo-

yant devant le Saint-Sacrement, on aurait cru contempler un ange en adoration.

Pour tout dire, qu'il fût à son bureau, à l'autel,
en chaire, au confessionnal ou dans sa stalle, sa
grande règle était celle des saints : « *Age quod agis*,
ce que tu fais, fais-le bien. »

☨

Ses occupations canoniales n'absorbaient pas
tellement son temps qu'il ne pût se rendre utile
en dehors du lieu saint.

En 1868, Monseigneur Cousseau, le nomma membre de son conseil. Cette distinction le flatta moins
d'abord qu'elle ne lui donna de soucis, car il pesait rigoureusement au poids de la conscience
toutes ses opinions ; par suite, en les émettant, il
se creusait chaque fois une nouvelle source d'inquiétudes. Cependant il avait grand soin de ne
manquer aucune des réunions ou d'excuser ses ab-
sences, toujours dues à de graves motifs.

En outre, les sœurs de Chavagnes, du Carmel,
de l'Espérance furent, à différentes dates, confiées
à sa sage direction. Il eut aussi à confesser tout le
Sacré-Cœur, dames et enfants.

Son dévouement pour cette dernière maison ne
se borna pas à la confession. Lorsque l'aumônier,
M. Alexandre, accompagna son évêque à Rome,
pour le concile, la Supérieure pria M. le chanoine

Davant de vouloir bien lui dire chaque jour une
messe à 6 heures et demie. Il y consentit et eut
la constance de la célébrer jusqu'à sa nomination
à la cure de la cathédrale. En même temps il
donna toutes les semaines trois conférences dog-
matiques aux demoiselles du pensionnat, avec un
réel talent, c'est-à-dire avec de la science théologi-
que et de la précision de langage. Les maîtresses
auraient été bien heureuses qu'il les continuât toujours, mais la chose était impossible pour diffé-
rents motifs et, quand l'aumônier fut de retour,
M. Davant ne retourna plus au couvent que pour
sa messe et quelques instructions exceptionnelles.

Il prêchait souvent. Toutes les communautés de
la ville entendirent sa bonne parole simple et
instructive. L'Espérance, privée d'aumônier et
d'autant plus digne d'intérêt, profita souvent de
ses allocutions. Il parut aussi dans la chaire de la
cathédrale et y donna plusieurs sermons de valeur.
Il a eu le tort de les brûler. Il fut si heureux une
fois en parlant de la sainte Vierge que Monseigneur Cousseau, bon juge en la matière, déclara
qu'il n'avait rien entendu de mieux sur le sujet.

En 1869 s'ouvrit le concile du Vatican, M. Davant
l'avait appelé depuis longtemps de tous ses vœux ;
il y suivit par le cœur l'Evêque d'Angoulème et se
réjouit de la grande place que son savoir et son
sens droit lui conquirent dans l'illustre assemblée.
La proclamation de l'infaillibilité pontificale fut

une des joies de sa vie, chose vraiment remarquable pour lui qui avait reçu, comme tant
d'autres, une éducation cléricale entachée d'esprit
gallican.

Puis vint la guerre avec ses alarmes, les angoisses de la défaite, le séjour en ville de troupes
indisciplinées, les bruits vrais ou faux de trahison,
la responsabilité des malheurs perfidement attri-
buée à l'Eglise, par suite les menaces et les injures
au clergé. M. Davant, excessivement nerveux,
très impressionnable, fut frappé jusqu'au fond de
l'âme par ces calamités patriotiques et ces indignes
clameurs. Il craignit pour ses jours et sa santé
s'altéra sensiblement ; en conséquence, il supplia
Monseigneur Cousseau de lui permettre de se
retirer dans son pays natal, où il pourrait couler
des jours plus tranquilles, au milieu de populations
encore patriarcales, très attachées à leur religion. Tout en s'affligeant de l'état d'esprit du
vénéré chanoine, le bon Evêque lui fit entendre
qu'étant seul à soutenir, à consoler les communautés religieuses confiées à sa direction, il devait
faire abstraction de son intérêt personnel pour se
donner à cette œuvre importante, et qu'il ne serait
pas, en restant, de pire condition que les autres
prêtres, obligés, comme leurs devanciers dans
d'autres périodes troublées de l'histoire, de remettre
leur sort entre les mains de l'adorable Providence.
Homme de raison et d'obéissance, M. Davant s'in-

clina et il continua de se livrer à ses utiles occupations, non sans crainte, mais avec courage.

†

Ainsi passa le temps jusqu'au mois d'août 1872. A cette époque, Monseigneur Cousseau, dont les infirmités commencées depuis plusieurs années ne faisaient que s'aggraver tous les jours en le rendant incapable de gouverner son diocèse, donna définitivement sa démission du siège d'Angoulême. Le Pape l'avait refusée une autre fois, par le regret de voir s'ensevelir dans la retraite ce grand talent ennobli par la vertu ; mais, après de sérieuses informations qui lui en montrèrent la nécessité, il l'agréa pour le bien des âmes et la santé du vieil Evêque. Celui-ci garda l'administration du diocèse jusqu'à la nomination de son successeur.

Le 19 février, le saint prélat publia son mandement d'adieu. Il y avait mis tout son cœur. L'émotion contenue, les regrets, les vœux, l'amour y parlent un langage si pathétique dans sa noble et calme simplité qu'on ne peut le lire même aujourd'hui, à plus d'un quart de siècle de distance, sans être ému jusqu'au fond de l'âme.

Monseigneur Sebaux, préconisé le 21 mars 1874, fut sacré le 4 mai et, le 8, prit possession de son siège par procureur. Mais déjà son illustre prédécesseur s'était retiré, entouré de la vénération de tous, dans la vieille cité de Poitiers, où il avait passé, comme supérieur du séminaire, les plus douces années de sa vie et où il devait mourir plus tard, après avoir amassé une montagne de mérites, dans les souffrances généreusement acceptées de sa longue et cruelle infirmité.

Lui parti, M. Nanglard, son grand vicaire, jeune encore et déjà rompu à l'administration, fut élu vicaire capitulaire, conjointement avec le très digne doyen du chapitre, M. Chevron, prêtre vénérable, mais au corps affaibli et à l'âme timorée, eut un saisissement d'épouvante à la pensée des charges et des responsabilités inhérentes à l'exercice de son pouvoir ; il y aurait renoncé aussitôt s'il n'avait obtenu de son collègue, M. Davant, qu'il fît tout le travail et lui laissât uniquement la peine d'apposer sa signature sur les pièces. La chose convenue, l'excellent doyen recouvra la paix de l'âme et son auxiliaire s'acquitta de ses délicates fonctions avec son zèle habituel.

M. Saivet avait été préconisé évêque de Mende, dans le même consistoire que Monseigneur Sebaux. Il se confessait à M. Davant. Très désireux de ne pas changer de directeur de conscience et d'avoir à côté de lui, dans un pays inconnu, un conseiller intime dont il n'eût pas à suspecter les intentions, il lui offrit, s'il consentait à le suivre, une stalle de chanoine titulaire, un appartement dans son palais et une place gratuite à sa table jusqu'à la fin de ses jours. Absolument dévoué au diocèse auquel il devait tout, M. Davant déclina ces séduisantes propositions. Dieu lui réservait à Angoulême même des fonctions importantes, et Monseigneur Saivet, quoique plus jeune, devait mourir près de vingt ans avant lui.

✝

Dans un des premiers conseils tenus par Mgr Sebaux, on discuta la nomination d'un titulaire à la cure vacante de la cathédrale. Le chapitre avait souffert de l'indépendance de M. Saivet, il demanda discrètement M. Davant, en qui il voyait, à tort ou à raison, son homme-lige ; le nouvel évêque, instruit de la science et de la parfaite honorabilité du respectable chanoine, était très disposé à lui confier ce grand poste.

Le candidat, présent aux débats, comme conseiller épiscopal, parla chaleureusement contre lui-même. Il fit valoir toutes sortes d'arguments : sa débile santé, son âge, la répulsion qu'il avait toujours ressentie pour les fonctions curiales, sa faiblesse dans le maniement des affaires et le gouvernement des hommes, son extrême perplexité quand il était question pour lui de commander ou de prendre une mesure et surtout de sévir, son goût prononcé pour l'étude et la retraite. De bonnes raisons furent opposées à ses objections et, en fin de compte, Sa Grandeur, écartant ses réclamations, décida de le présenter comme archiprêtre au gouvernement.

M. Davant obtint cependant quelques jours de réflexion. Il sortit du conseil, souffrant de la tête et préoccupé. Son humilité se révoltait à la pensée de la dignité dont il allait être investi, sa santé compromise lui faisait entendre au fond du cœur de véhémentes protestations ; il se crut déjà couché dans le cercueil ; bref, bien persuadé qu'il ne devait pas accepter sa nouvelle situation, il se rendit dans le cabinet de Sa Grandeur pour la supplier de revenir sur sa décision.

Dans la circonstance, la prière était sa seule arme défensive contre l'offre dont son évêque l'accablait, car il ne voulait ni se cantonner dans un refus formel, par crainte d'aller contre les volontés de Dieu, ni accepter une charge dont le poids lui semblait écrasant. Il s'ouvrit au prélat avec simplicité et le fit juge de la difficulté, en le conjurant d'être impartial et d'avoir pitié de lui. Ses explications furent éloquentes et même pathétiques ; le saint évêque les écouta sans mot dire, avec la plus parfaite bienveillance, mais il resta inébranlable dans sa détermination. A la vue de l'inutilité de ses efforts, le bon chanoine inclina la tête et dit tristement : « Monseigneur, puisque mes raisons ne vous touchent pas, je cesse de résister à votre volonté, car mon but n'est pas de vous faire de la

peine ; j'accepte donc malgré mes trop justes répu-
gnances, et, comme je sais bien que je m'immole
par mon acceptation, je prie Dieu d'agréer mon
sacrifice. »

Ainsi, au mois de juin 1873, à cinquante-trois
ans, déjà un peu infirme, sans l'enthousiasme de
la jeunesse ni la ferme intrépidité de l'âge mûr,
après avoir toujours refusé le ministère pastoral,
M. Davant se trouvait, à son corps défendant, curé
d'une grande et très importante paroisse.

Heureusement il avait, pour l'aider à porter le
poids de ses responsabilités, son évêque lui-même,
qui avait manifesté dès la première heure une
grande inclination vers sa personne, en lui confiant la direction de sa conscience.

Monseigneur Sebaux cachait du cœur sous des
apparences froides et réservées. Quand il jugeait
opportun de sortir du calme majestueux de sa
dignité, il aimait à se détendre l'esprit dans de
bonnes et riantes conversations ; mais, homme de
Dieu avant tout, il s'était promis de profiter de
toutes les occasions pour prêcher la vérité et soutenir le droit ; il s'en tirait avec talent, car il avait
de l'étude et de la facilité. D'un autre côté, l'exemple d'une sainte vie et d'un zèle infatigable, mal
soutenu par une santé chancelante, donnait de
l'efficacité à sa parole. Il acquit une grande autorité
dans le diocèse, et fut de la sorte un digne continuateur de l'œuvre de ses grands devanciers.

Héritier de leur esprit, il partagea leurs affections. C'est ainsi qu'il eut en M. Davant une confiance illimitée, le traita en toute circonstance avec distinction et sympathie, suivit très volontiers ses avis dans les cas de doute et se trouva toujours derrière lui dans les difficultés, les amertumes, les initiatives et les perplexités qui abondent dans le ministère pastoral.

CHAPITRE V.

Ministère pastoral.

M. Davant était bien et dûment chargé de la
cathédrale. Par un décret daté du 1er juin 1873,
le gouvernement avait agréé sa nomination par
Monseigneur. La volonté de Dieu clairement
manifestée dans la décision des deux autorités
civile et religieuse, son unique devoir était d'y
correspondre. Il prit son parti aussi bravement
que possible. Monseigneur Sebaux l'installa le
8 juin.

Comme on savait, dans le public, son éloigne-
ment pour une existence fatigante et mouvementée,
le bruit courut que son acceptation de la cure était
simplement provisoire. Cette rumeur était de
nature à compromettre le succès de sa mission,
en empêchant les cœurs de s'attacher à lui ; il comprit la nécessité d'y couper court et, le dimanche

suivant, après en avoir averti son évêque, il déclara très nettement, du haut de la chaire, qu'il était archiprêtre à titre définitif et comptait bien rester au service des âmes jusqu'à la fin de ses jours. Désormais, on était fixé.

Avec son éloquence persuasive et puissante, l'ascendant de son beau caractère, ses formes exquises, la prestance de sa personne et sa parfaite amabilité, M. Saivet s'était attiré des sympathies innombrables, passionnées, et avait ainsi imprimé un mouvement vers la cathédrale à peu près irrésistible.

M. Davant, avec son grand bon sens, comprit que, après le chaud rayonnement de ce soleil, il n'avait ni éclat à jeter ni attraction très grande à exercer, que son rôle serait assez glorieux encore si, par l'intelligence, l'activité, le dévouement aux âmes, la constante fidélité à tous ses devoirs, il amenait à maturité les fruits dont les fleurs étaient écloses autour de lui. Ce rôle était suffisant, il s'y tint avec énergie et simplicité.

Le mouvement vers Saint-Pierre se ralentit : son aimant était perdu dans les montagnes de la Lozère. M. Davant l'avait prévu, il ne s'en attrista pas outre mesure, il en plaisanta même et on l'entendit plusieurs fois répéter spirituellement : « M. Saivet a tout soulevé dans la paroisse, moi, je remets tout en ordre. »

Il n'en est pas moins vrai que les chrétiens sérieux, dont la piété allait à Dieu et non à l'homme, restèrent fidèles à leur nouveau curé et continuèrent de se présenter devant son autel, au pied de sa chaire et surtout à son confessionnal.

M. Davant remplit ses fonctions avec le zèle le plus consciencieux, au milieu de la paix la plus profonde. Il prit très souvent la parole devant toute sorte d'auditoires, malgré des appréhensions que l'habitude de la prédication ne calmait pas. Il dirigea presque seul les nombreux pensionnats de jeunes filles qui donnaient alors une grande vie à la paroisse. Le catéchisme de persévérance était un peu long, il en diminua la durée, mais il le conserva soigneusement et le rendit on ne peut plus florissant. Entre temps, il fit ses visites pastorales; ses faibles nerfs en souffrirent beaucoup, mais elles lui attirèrent des sympathies.

C'était le bon pasteur résolûment entré dans la carrière du dévouement et prêt à y aller jusqu'au sacrifice.

Cependant, il faut le dire pour rester dans la vérité, l'excellent curé ne s'occupa jamais à proprement parler que du spirituel de sa paroisse.

Maintenir dans le devoir un nombreux personnel, prévoir et ordonner les cérémonies, gouverner les associations pieuses, tenir la comptabilité de l'église et de sa maison, avoir soin des archives, mettre à jour sa correspondance même personnelle, ce n'était pas son affaire ; il se noyait dans

les détails de l'administration. On tirait des plans
sur ses indications, et il les exécutait de bonne
grâce. En résumé, son ministère ne fut pas extérieur, il s'exerça exclusivement auprès des âmes.

†

On l'a donné à supposer, M. Davant ne fit pas
de créations nouvelles, il se contenta de maintenir ce qui avait été fondé par son éminent prédécesseur.

Catéchismes divers, association de persévérance, œuvre de Saint-Michel pour la diffusion des
bons livres, propagation de la foi, Sainte-Enfance,
Saint-François de Sales, œuvre des Tabernacles et
de l'Adoration, bureau de charité, vestiaire, etc.,
tout ce qui à cette époque devait se trouver dans
une paroisse de ville bien organisée existait déjà,
et le fonctionnement en était régulier ; il n'y avait
qu'à surveiller et à développer ; M. Davant en fit sa
mission.

Cependant, en vérité, il ne fut pas seulement un
continuateur.

Il a la gloire d'avoir été le père du mois de Marie.
Sans doute cette excellente dévotion avait été im-
portée dans la paroisse avant lui, mais les débuts
en étaient modestes et le sort précaire ; c'est à lui
qu'il revient de l'avoir affermie, développée, entou-

rée de cet éclat merveilleux dont elle brille à Saint-Pierre.

Il fut aussi le restaurateur du Rosaire. Il le prit au Carmel où les pieuses filles de Sainte-Thérèse gémissaient de le voir végéter, et il l'établit dans sa paroisse où il a conquis une immense popularité.

C'est le 10 octobre 1875 que le père Mathieu Lecomte, des frères prêcheurs, après un beau sermon, revêtu de l'étole pastorale, signe de sa juridiction, lut en chaire de la cathédrale l'acte solennel de translation, par lequel Saint-Pierre était institué siège central de la grande dévotion, à la place de la chapelle des Carmélites. A partir de ce jour, M. Davant en fit l'objet de sa prédilection. Tous les fidèles se rappellent la régularité avec laquelle il présidait les grandes réunions du premier dimanche du mois, et son zèle à y prendre seul la parole.

Il accomplit une autre excellente innovation. Jusqu'à lui, et pendant les deux premières années de son ministère, la confrérie des Enfants de Marie n'avait été ouverte qu'aux jeunes personnes de la ville, élevées presque toutes dans les couvents, et ces réunions se faisaient uniquement dans la chapelle du Sacré-Cœur ; les pensionnaires et les externes des nombreuses institutions libres de la paroisse, les associées de la persévérance, instruites à domicile, étaient privées de cette faveur, et manquaient ainsi du meilleur des stimulants au travail, au bon esprit et à la piété. M. Davant vit la lacune et eut la joie de la combler.

La congrégation particulière des enfants de Marie de Saint-Pierre, dont les cadres se sont encore élargis depuis, fut donc fondée le jour de l'Immaculée-Conception, 8 décembre 1875. Ce bon arbre produit chaque année des fruits de salut innombrables.

Dans les dernières années de son ministère, la cathédrale fut un terrain fertile sur lequel poussa une admirable moisson d'œuvres. Le bon curé ne les sema point, on ne pourrait l'affirmer sans exagération, il se contenta de les bénir ; elles sont dues à de vaillants chrétiens de la ville et à un vicaire intelligent (1) dont l'activité a fait merveille à la cathédrale pendant plus de six ans.

Outre, en effet, que la santé de M. Davant déclinait rapidement à l'époque de la germination de ces œuvres, il avait sa part d'occupations nettement tranchée, et cette part était considérable.

†

Il était accablé par la prédication, la confession et le soin des malades. Dans les centres populeux

______

(1) M. Billaudaz, mort curé de Mouthiers, le 5 mai 1898, dans sa 44ᵉ année.

et chrétiens, ce triple devoir incombe principalement au curé, obligé d'y consacrer le plus clair de son temps ; or, M. Davant s'en acquitta toujours avec un dévouement absolu.

Sa fidélité à faire son prône fut telle que, durant 22 ans, il ne le manqua probablement pas deux fois si ce n'est pour cause de maladie : il s'était promis à lui-même de ne jamais prendre de vacances de prédication, bien qu'il connût mieux que personne la latitude raisonnable accordée sur ce point par le concile de Trente. Et ce prône, avec quel soin, on peut dire avec quel amour, il le préparait ! Il s'y mettait dès le lundi ; il y employait tous ses moments perdus, y fondait les pensées des auteurs les plus accrédités et en composait ainsi une œuvre sérieuse, intéressante, véritablement utile aux âmes.

M. Davant fit par ses vicaires les catéchismes des enfants qui se préparent à la première communion — on en verra plus loin le motif — mais il se chargea volontiers pour sa tierce part de celui de persévérance, composé d'un grand nombre de jeunes personnes auxquelles on parle du haut de la chaire comme à tout autre auditoire. Tant que sa santé le lui permit, il considéra comme un devoir de ne manquer aucune de ses réunions. Il y prêchait un cours de spiritualité simple et pratique, conforme aux données de l'expérience, rempli d'une science du cœur humain vraiment étonnante chez un prêtre confiné dans une existence solitaire. Sur les dernières années de sa vie pastorale, il y parut seulement à de rares intervalles ; mais, quoiqu'il y passât comme un inconnu, on avait plaisir à entendre ses utiles enseignements. De plus, ses anciennes élèves ont conservé un souvenir très gai de l'ardeur juvénile avec laquelle il chantait les refrains de leurs cantiques, de sa grosse voix qui faisait avec la leur un contraste des plus plaisants.

Si M. Davant avait renoncé aux catéchismes ordinaires, il s'était cependant réservé la confession des jeunes filles de la seconde année. En outre, il tenait essentiellement à porter lui-même la parole le matin de la première communion, et à prêcher la veille l'acte de contrition préparatoire à l'absolution générale, par laquelle se clôturent les exercices de la retraite.

Ce dernier sermon était toujours donné par lui de la façon la plus sérieuse. Il y prenait un ton solennel et dramatique ; un silence de mort devait régner tout le temps dans la jeune assemblée. Il avait lu quelque part qu'il fallait alors saisir les âmes par la terreur ; aussi la plus légère distraction était sévèrement réprimée, et, comme il se gardait bien de promener son regard sur l'assistance, au premier signe de dissipation imaginaire, il s'élevait contre elle avec vigueur. Quelquefois on était ahuri par ses énergiques apostrophes à de prétendus étourdis qui, sous la surveillance de leurs catéchistes, l'écoutaient au contraire depuis le commencement avec une religieuse attention. Ces objurgations étaient un des moyens de conviction notés par ses auteurs et soigneusement maintenus dans son programme.

Le lendemain, tout changeait de face. M. Davant n'était plus le même homme, dans les deux allocutions de la première communion. Autant que possible il adoucissait sa voix, prenait un ton caressant, s'efforçait d'être onctueux, tendre, paternel. Evidemment, se sentant avec des anges, il faisait de son mieux pour leur parler le langage du ciel. Cette charmante fête était une jubilation pour son cœur, il lui fallait être cloué au lit par la fièvre pour renoncer à la présider. Ce malheur lui arriva très rarement.

A ses yeux, comme à ceux de tous les prêtres, le soin des malades était l'occupation par excellence. Il le sentait, les intérêts de leurs âmes et ceux du cœur de Jésus se confondent et sont également engagés, d'abord dans l'épreuve des grandes souffrances, ensuite et surtout dans la mort qui en résulte. Aussi combien vives étaient ses appréhensions, quand il se rendait dans leurs demeures à la première annonce de la gravité de leur état ; avec quelle amère douleur il revenait, après avoir fait de vaines tentatives pour les aborder ou pour les gagner à Jésus-Christ ! On le voyait désolé, écrasé, mais toujours calme extérieurement et plein de

confiance en Dieu. Il recommençait bientôt le siège
de ces âmes bien-aimées, multipliait ses industries délicates et fines dans leur simplicité, pour
les amener à recevoir les sacrements. Sa charité
pour elles lui donnait de véritables inspirations.
Enfin, telles étaient sa foi, sa prudence et sa per-
sévérante bienveillance, que le succès répondait
presque toujours à ses peines ; les exceptions où
il échoua furent rares et il les pleura, non sans
les imputer humblement à ses péchés ou à sa ma-
ladresse.

Tant qu'il resta valide, il se chargea lui-même
du plus grand nombre de ses malades. Lorsqu'il
lui fut impossible de les visiter en personne, Dieu
sait avec quelle sollicitude il eut soin chaque jour
de les recommander à ses vicaires.

On peut sans exagération traiter d'héroïque son
affectueux intérêt pour eux, car il croyait bien
aller à la mort, chaque fois qu'il était obligé d'aborder une personne atteinte d'une maladie tant soit
peu contagieuse.

Pour les confessions, il s'y jetait à corps perdu,
persuadé que c'était le ministère par lequel il faisait le plus de bien, et, comme il s'y montrait clair-
voyant, prudent, bon et ferme, il est à croire qu'il
ne se trompait pas.

M. Davant dirigea, on le sait, une multitude
de personnes du cloître et du monde. Tout le
temps qu'il jouit de la santé, son confessionnal fut

assailli, non seulement les samedis et les veilles
de fête, mais presque tous les jours de la semaine.
Quelles inquiétudes lui a causées, surtout à la fin
de sa vie, le nombre incalculable de ses absolu-
tions ! Mais, il faut le reconnaître, religieuses,
prêtres et chrétiens ordinaires, tous ceux qui s'a-
dressaient à lui étaient enchantés de sa direction
simple et large. Beaucoup d'hommes lui avaient
accordé leur confiance, ils lui restèrent fidèles
dans sa retraite, on les vit aller se confesser jusqu'à la fin au chevet de son lit.

†

Le mot bonté résume tout le ministère pastoral
de M. Davant. En effet, comme curé, il eut affaire
aux fidèles et au chapitre ; des deux côtés, il se
montra l'homme bon, condescendant et pacifique.

Les paroissiens oublient assez facilement qu'ils
ont à remplir envers leur pasteur des devoirs de
respect, d'obéissance et d'affection ; leurs occupa-
pations ou leurs plaisirs les empêchent de s'arrêter
assez longtemps sur l'explication du quatrième
commandement de Dieu. Ils n'admettent pas que le
curé manque l'heure convenue pour quoi que ce
soit — ils y sont, c'est connu, toujours fidèles
eux-mêmes, particulièrement les jours de mariage
— ils ne lui pardonnent aucune erreur involon-

taire et entendent bien être traités constamment par lui avec une indulgence à toute épreuve.

M. Davant eut quelquefois à se plaindre de ces injustes et hautaines exigences, il ne laissa pas cependant d'entretenir des rapports courtois avec ceux qui se les permirent à son égard, et de leur témoigner une bienveillance parfaite, malgré la peine qu'ils lui causaient. Il faut le dire : ces cas furent rares, et la paroisse entoura presque unanimement son vertueux curé de vénération et de sympathie.

Il se montra absolument débonnaire dans d'autres relations plus délicates. Personne n'ignore que le chapitre, dont tous les membres, pris à part, sont d'excellentes gens, paisibles et charitables, est ordinairement d'une excessive susceptibilité en tout ce qui touche ses attributions. Des occasions de conflit peuvent surgir entre la cure et lui ; il s'en présenta, même sous l'administration de M. Davant. Heureusement le vertueux pasteur n'avait pas été changé — on s'en souvient — par ses fonctions curiales ; il était resté chanoine ; il ne songea qu'à éluder ces difficultés. Des fidèles dévoués lui fournirent les ornements convenables disputés par ses collègues, il sacrifia son pain bénit sur l'autel de la concorde, essuya sans répliquer plus d'une réflexion marquée à un autre coin que celui de l'aménité, fit longtemps ses cérémonies et ses fonctions paroissiales dans une église ouverte à tous

les vents, pour laisser régner dans le chœur une
atmosphère très pure, laissa enfin cribler entre
les mains plus fermes de ses vicaires le drapeau
de ses droits ; mais, au prix de cette longanimité,
il jouit d'une paix relative, cette paix aimée qu'il
demandait sans cesse au Seigneur pour ses vieux
jours, avec l'antienne de l'Eglise : *Da pacem,
Domine, in diebus nostris.*

M. Davant n'était pas moins charitable envers
les pauvres que doux envers ses collègues. Bien
souvent il fut fatigué de leurs doléances, alors que
malade ou surmené il avait le plus besoin de repos,
sans songer à les rebuter. Grâce à leurs manières
et à leurs histoires étranges, il conçut maints
soupçons sur leur probité, sans avoir le courage
de leur refuser ses secours. Le bon prêtre aimait
Jésus-Christ en eux, tout indignes qu'ils parus-
sent de sa pitié. Il n'arriva que trop souvent à ces
malheureux d'abuser contre lui de ce sentiment
de foi : à plusieurs reprises, l'excellent curé fut
victime de véritables escrocs. Ces iniquités, qu'il
ne pouvait comprendre, commençaient par le
révolter et le jeter dans le découragement ; puis,
après quelques jours de pénibles impressions, il
retrouvait son égalité d'humeur et riait même de
sa naïveté : « Quoi qu'il en soit, disait-il, il vaut
mieux souffrir que laisser souffrir ; du reste, j'ai
prêté à Dieu, je suis sûr de mes intérêts. »

Pour ce qui regarde les pauvres particuliers de

la paroisse, il allait rarement les voir dans leurs galetas — le temps lui manquait — mais il les recommandait aux dames visiteuses, et entretenait soigneusement une caisse de secours confiée à une chrétienne généreuse, afin de pouvoir venir en aide aux indigents d'une manière régulière, sans négliger d'amasser devers lui des fonds pour les cas extraordinaires.

Quant aux pauvres étrangers qui se pressaient en nombre à toutes les portes de l'église, nul n'en doutait, ils étaient de beaucoup les moins intéressants ; car, secourus à domicile par leurs curés et inscrits au bureau de bienfaisance, ils doublaient leurs recettes en venant exploiter les catholiques, au moyen de fatigantes obsessions et même d'ignobles injures, en attendant de salir le lieu saint, dans les intervalles des offices, de leurs immondices sacrilèges et d'autres horreurs pires encore. Cependant, M. Davant n'eut jamais le courage de refouler leur hideuse invasion. Il ne voulait pas oublier la parole de Tobie : « *Noli avertere faciem tuam ab ullo paupere,* ne détournez jamais votre face d'aucun pauvre, quel qu'il soit. » La nécessaire exécution devait se faire plus tard.

✝

Pour bien se représenter M. Davant curé, il importe de connaître aussi quelque chose de sa vie

de famille. Tout le temps laissé libre par les fonctions extérieures était consacré par lui à l'étude,
dans des heures qui en portaient le nom, comme
au petit séminaire. Entraînés par son exemple, ses
jeunes auxiliaires se formaient facilement à cette
régularité de travail nécessaire à la trempe des
âmes, au support des épreuves, à l'achèvement de
toutes les entreprises. Les exercices pieux inter-
rompaient ces labeurs constants, pour les adoucir.

L'existence intérieure au presbytère était aimable et paisible. Certes, les vues n'y étaient pas
toujours les mêmes, il s'en faut ; on y soutenait
son opinion avec entrain, vivacité même ; mais
c'était la discussion qui produit la lumière, et non
pas la division qui blesse et nourrit de pénibles
sentiments. La plus franche gaieté régnait habituellement dans les rapports mutuels du clergé
paroissial. Bien au courant des idées, des goûts,
des besoins de leur curé, les vicaires se faisaient
un devoir de rester avec lui durant au moins une
heure après chaque repas principal, — le temps de
la récréation, comme ils l'appelaient, en souvenir
du règlement du séminaire.

Les paroissiens qui habitaient les maisons du
rempart se disaient au milieu du jour : « Voici
midi et demi, le clergé ne tardera pas à passer ».
C'était vrai ; presque immédiatement après, les
trois prêtres, souvent additionnés de quelques
autres, se dirigeaient lentement vers les tilleuls

touffus plantés autour de la préfecture. De ces fréquentations cléricales, les malheureux arbres avaient reçu à cette époque le nom d'allée des Prêtres.

Le soir, pendant l'hiver, la concentration générale se faisait dans la chambre du curé. Laissant de côté, pour la circonstance, ses apparences mortifiées et sérieuses, le saint homme se trouvait le plus jeune de l'assemblée. Le cercle bien complété, c'était aussitôt un véritable feu d'artifice de réflexions piquantes, de récits amusants, de jeux de mots et de chants. On faisait des vers. Le maître de céans, il est vrai, ne se chargeait que d'un seul, le premier ; en revanche, il servait abondamment ses réminiscences du passé qui avaient un seul tort, celui de revenir sans permission un peu trop souvent. A neuf heures, la séparation avait lieu, et le grand silence de la nuit enveloppait la reprise du travail ou la fin des exercices de piété.

Dans les commencements, cette vie de mouvement et de paix, toujours variée quoique identique, loin de nuire à la santé du vénérable archiprêtre, lui fut au contraire profitable. Il vivait forcément en dehors de lui-même, sans avoir le temps de se préoccuper. Par suite, son moral se trouvant moins affecté, tout son état physique s'en ressentit heureusement : son corps, comme une machine mue d'une manière intelligente et régulière, s'assouplit et se fortifia ; il mangea davantage

et avec plus d'appétit ; ses joues devinrent pleines,
son teint plus frais, ses migraines plus rares. On
le vit littéralement rajeunir ; toutes ses connaissances s'en réjouirent avec lui.

M. Davant n'eut à se féliciter que durant trois
ans de cette amélioration de sa santé.

†

Au commencement de 1877, les titres subsidiaires
dont vivaient les deux vicaires de la cathédrale
furent supprimés en haine de la religion. Prise au
dépourvu, la Fabrique de Saint-Pierre ne se trouva
pas en mesure de faire à ces messieurs un traitement suffisant ; malgré ses regrets, Monseigneur fut
obligé d'éloigner le second, et le curé dut prendre
sur lui une partie de sa besogne, malgré le poids déjà
bien lourd de sa charge personnelle. Il commença
bientôt à éprouver de la fatigue.

Cet état de choses durait toujours lorsque, le 25
février 1879, mourut M. le chanoine Laffond. C'é-
tait un ancien aumônier de l'hôpital, prêtre pieux,
instruit et actif, entouré depuis longtemps de l'estime publique pour sa charité et la grande dignité
de sa vie. De très nombreux fidèles se groupaient
presque chaque jour devant son confessionnal et,
de plus, il avait la direction d'un des plus impor-
tants pensionnats libres du plateau.

Quand Dieu eut rappelé à lui ce bon et laborieux

serviteur, une grande partie de ses pénitentes et son pensionnat tout entier se rallièrent sous la conduite du vénérable curé de la paroisse. Ce surcroît d'occupations acheva d'accabler M. Davant. Une espèce d'atonie générale s'empara de ses nerfs, et cette faiblesse aggrava un mal redoutable dont il se sentait atteint depuis de longues années déjà.

Condamné par son médecin à un repos relatif, il dut renoncer aux confessions des religieuses et des institutions libres de la paroisse, et il parut moins souvent à l'église. Malgré cet ensemble de précautions, ses forces tombèrent tout à fait et ses souffrances devinrent intolérables. Le connaissant, les docteurs n'osaient pas lui imposer les seuls remèdes efficaces, ni même chercher à se rendre un compte précis de son mal; ils en étaient réduits aux conjectures et ne le traitaient qu'avec des hésitations nuisibles.

Pour comble de malheur, cette année-là encore, le pauvre curé n'avait qu'un vicaire sur qui tombait presque tout le travail et dont la santé, par suite, lui inspirait des inquiétudes. Anxiétés et souffrances se réunirent donc pour le miner à la fois. Quelque position qu'il prît dans son fauteuil ou sur son lit, il ne pouvait plus goûter de repos ; en proie à une agitation continuelle, il n'avait plus la tête à la prière ; il fut obligé d'abandonner l'étude. Malgré tous les soins, le mal fit des progrès alarmants et promena par tout son corps les plus affreux ravages ; le dénouement était fatal sans une cure énergique, impossible sur place. Les eaux de Capvern furent conseillées.

On avait commencé alors l'année 1880 : mais la saison des bains n'était pas encore venue. En l'attendant, le malade pâle, languissant, accablé, renonça à tous ses travaux.

Adieu le prône qu'il aimait tant. — M. Nanglard, vicaire général, eut l'amabilité de s'en charger.

Adieu les incessantes confessions. — Les sessions au saint tribunal lui étaient formellement interdites.

Adieu le carême. — Le malade ne parut pas à la grande station, ne donna aucun sermon aux réunions particulières de la paroisse ; le labeur incomba tout entier à son auxiliaire.

Adieu le mois de Marie, avec ses soirées tièdes et parfumées, ses chants pleins d'éclat et de douceur, ses resplendissantes illuminations et les foules pieusement empressées à ses réunions. — M. Davant n'y eût porté que des débris sans aucune utilité pour personne.

Adieu la première communion.— On se rappelle qu'il l'avait toujours prêchée et s'était même promis de ne céder à personne cette prédication ; or, il n'assista même pas à la fête. Ce fut une de ses plus grandes douleurs.

Enfin le mois d'août arriva. Passé l'Assomption, à l'occasion de laquelle il eut le courage de con-

fesser une partie de la vigile, il partit pour Capvern. escorté de son vicaire (1), qui pensait bien le
ramener dans un cercueil.

En réalité, les eaux ne servirent à l'archiprêtre,
ni en bains ni en boisson ; mais un docteur de la
station eut le courage que l'on n'avait pas eu à
Angoulême : il voulut découvrir le principe de la
terrible affection de son client et y parvint ; en
conséquence, le vénérable malade reçut les soins
appropriés à son état ; il en ressentit sur l'heure
un bien-être délicieux, totalement inconnu depuis
un an.

M. Davant reprit le chemin d'Angoulême, non
pas guéri mais soulagé, et avec des espérances de
vie. Cependant le docteur ne dissimula point que
l'hiver, sous un climat relativement froid, serait
dangereux pour le convalescent ; il lui conseilla
d'aller le passer à Nice. On sent de quelle manière
la proposition fut accueillie par un homme qui
rêvait avant tout de réintégrer sa chambre, fût-ce
pour y mourir. Le retour en Charente s'effectua
avec peine. A son arrivée en ville, M. Davant était
tellement décharné que les fidèles crurent revoir
seulement son ombre ; néanmoins sa santé était
meilleure et on connaissait les soins à lui donner ;
ce qui était énorme.

(1) M. Vergnaud, plus tard curé de Baignes et son futur
successeur.

Malgré tout, craignant de ne plus remplir sa mission comme il devait, le bon curé offrit sa démission à Monseigneur Sebaux. Celui ci la refusa net, disant qu'on avait le temps d'y réfléchir et que, Dieu semblant vouloir guérir le malade, le malade devait avoir le courage de se dévouer encore à son service.

†

Le judicieux Evèque avait raison. M. Davant se rétablit peu à peu ; au bout de quelques mois, il avait repris la plupart des ses occupations, hormis les confessions étrangères à la paroisse auxquelles il renonça définitivement. Ce fut une grande douleur pour les religieuses de la cité qui perdaient en lui un directeur sage et éclairé. Elles obtinrent à force d'instances de le garder, jusqu'à nouvel ordre, comme confesseur extraordinaire aux Quatre-Temps.

M. Davant souffrit de cette peine causée aux meilleures amies de Dieu, aux épouses de Jesus-Christ ; mais il fut obligé de courber la tête sous le poids de la nécessité : son premier devoir était de se mettre en état de remplir les fonctions de la charge pastorale.

Le ministère de la cathédrale restait, en effet, tout aussi absorbant que par le passé, et les revenus toujours insuffisants ne permettaient d'en-

tretenir qu'un seul vicaire. De bons fidèles eurent
la généreuse inspiration de se cotiser pour faire le
traitement du second, et donner ainsi à leur vieux
pasteur la possibilité de prendre quelque repos.
Ils continuèrent de lui accorder ces subsides
jusqu'à sa retraite, c'est-à-dire pendant douze ans.
M. Davant accepta ce secours indispensable,
avec une vive reconnaissance. Un nouvel auxiliaire
vint donc lui faciliter sa tâche en diminuant ses
occupations. Son arrivée n'empêcha pas une
épreuve inattendue d'atteindre le vieillard.

Les allocations aux fabriques des cathédrales
ayant été supprimées complètement par l'Etat, au
commencement de 1882; cette même année, à la
session de Quasimodo les marguilliers de Saint-
Pierre durent aviser, pour 1883, aux moyens d'é-
quilibrer leur maigre budget. Furent-ils bien ins-
pirés dans le choix qu'ils en firent ? — C'est dou-
teux. Toutes les mesures fiscales un peu oppres-
sives sont aléatoires dans leurs résultats et odieuses
à ceux qu'elles atteignent. Ces administrateurs,
d'accord du reste avec leur évêque, espérèrent aug-
menter notablement leurs ressources, en imposant
sur les chaises des taxes plus lourdes. L'archiprêtre ne fut pas de leur avis, et s'opposa de son mieux
à ces innovations dont il prévoyait les conséquences. Il n'eut pas gain de cause ; les mesures
furent votées et appliquées ; elles dépeuplèrent
l'église. Les chrétiens de Saint-Pierre, trouvant

dans les sanctuaires voisins des conditions moins draconiennes d'assistance aux offices, abandonnèrent insensiblement leur cathédrale. D'abord, durant la semaine, ils cessèrent, on le comprend, de se presser comme autrefois au pied des autels ; le dimanche même, les messes furent moins fréquentées, et celles de 6 heures et de midi, où se pressaient naguère des foules innombrables, ne réunirent plus bientôt qu'une élite.

Plus tard le mois de Marie fut entraîné à son **tour** dans la débâcle générale.

L'infortuné curé, obligé d'année en année de supprimer quelques-unes de ses occupations et de garder davantage la chambre, contribua lui aussi pour sa part et bien involontairement à l'œuvre de désertion qui s'opérait sous ses yeux désolés. Il s'inclina devant la nécessité, mais il ressentit une douleur profonde dont il ne put triompher et qui remplit sa vieillesse d'amertume.

Une nouvelle épreuve acheva de l'accabler ; elle l'atteignit en 1893. Le 17 mai de cette année, au soir de la Pentecôte, Monseigneur Sebaux, usé par le travail plus encore que par les années, quitta ce monde après une courte maladie, en disant ces belles paroles justifiées par toute sa vie de labeurs et de vertus : « Je meurs sans crainte et sans regrets, confiant en la miséricorde de Dieu. » L'archiprêtre avait exactement l'âge de son illustre pénitent ; son existence avait été intimement liée à la sienne ; en le perdant il sentit mourir quelque chose de lui-même. La dispari- tion successive de tous ses amis les plus chers lui faisait suffisamment entendre l'urgente nécessité de se préparer aussi au grand voyage ; il prit sur le champ la résolution de résigner ses fonctions le plus tôt possible, afin de ne plus penser qu'à ses années éternelles.

Du reste, le fardeau de la décrépitude pesait cha- que jour d'avantage sur ses épaules, en même temps que les anciennes infirmités, combattues cependant par une hygiène intelligente et assidue, usaient de plus en plus ses forces. Le vieillard pal- pait maintenant la vérité de ces paroles du psal- miste : « *Dies annorum nostrorum septuaginta anni : si autem in potentatibus octoginta anni : et amplius eorum labor et dolor.* Nos jours ne durent ordinairement que soixante-dix ans, et si les plus forts arrivent jusqu'à quatre-vingts, il n'y a plus ensuite pour eux que peine et douleur. »

CHAPITRE VI.

Décanat.

M. Davant dut prendre sa retraite au commencement de l'année 1895. Le bon archiprêtre n'avait
pas alors 80 ans, mais 75 ; c'était encore un grand
âge ; en outre, on le sait, sa santé, atteinte de bonne
heure, avait été profondément altérée par les fati-
gues du saint ministère. Il était faible et débile, une
fièvre acharnée lui faisait presque chaque semaine
de cruelles visites ; le temps était venu où il ne
pouvait plus remplir ses fonctions curiales que
par intermittence ; il se sentait véritablement
incapable de porter plus longtemps la houlette
pastorale.

Sans doute, il était secondé à cette époque par
deux hommes (1) qui ne manquaient ni d'intelli-

(1) M. Guillebaud, actuellement curé de Saint-Séverin,
et M. Vignaud, curé de Nercillac.

gence, ni d'énergie, ni de talent; mais leur jeunesse
relative les empêchait de jouir de toute l'autorité
nécessaire pour remplacer en plein leur vénérable
archiprêtre, et celui-ci tenait absolument à ce que
la paroisse ne souffrît pas de son impuissance. En
1893, il avait offert sa démission au nouvel évêque,
Mgr Frérot. Sa Grandeur, pleine de vénération
pour l'homme de Dieu et heureuse de penser qu'il
se faisait illusion sur son état, ne l'avait pas acceptée. M. Davant la lui présenta de nouveau au mois
de mai 1894; elle ne fut prise en considération
par le chef du diocèse que dans la dernière quin-
zaine du mois de décembre. Le bon vieillard dut
attendre plus de deux mois encore avant d'être
autorisé à se retirer définitivement.

Enfin, le 22 janvier 1895, le président de la Répu-
blique signa les décrets par lesquels il agréait en
même temps sa démission et la nomination, comme
chanoine et curé, du prêtre désigné par Sa Grandeur pour hériter de ses pouvoirs.

Le 30 de ce même mois, Monseigneur Frérot
écrivit à M. Davant la bonne lettre que voici :

« Cher monsieur l'archiprêtre,

« Il y aura bientôt un an que vous me donniez
votre démission de curé de la cathédrale.

« Malgré les graves et trop sérieuses raisons que
vous m'apportiez, j'ajournais toujours; mais enfin il

m'a fallu céder. Je ne l'ai fait qu'à regret, tant il me coûtait de vous voir quitter cette chère paroisse que pendant près de vingt-deux ans vous avez administrée avec tant de sagesse, que vous avez édifiée par votre vie si éminemment sacerdotale et instruite par vos solides enseignements.

« Heureusement vous ne nous quittez pas. Si vous n'êtes plus à la tête de la paroisse comme chanoine-archiprêtre, vous serez à la tête du vénérable Chapitre ; car, par les présentes, je vous nomme doyen, en vous priant d'en accepter dès aujourd'hui le titre et les fonctions.

« Vous voudrez bien prier pour vos anciens paroissiens, pour le diocèse et pour votre évêque, qui est heureux de vous donner ce témoignage d'affectueuse estime.

« Je vous prie d'agréer, cher monsieur le doyen, l'expression de mes sentiments les plus affectueux *in Christo.*

« † J.-B., *év. d'Angoulême.* »

A partir de ce moment, en droit M. Davant n'était plus curé de la cathédrale, en fait il garda encore la direction de la paroisse jusqu'au commencement de mars. A cette date arriva son successeur, qui fut installé le dimanche 3 du même mois, jour où s'ouvrait la station du Carême. Le premier acte de M. Davant, en lui cédant la place, fut de prier avec ferveur, pour que ses débuts dans la chaire sacrée ne fussent pas rendus trop difficiles par ses vives émotions ordinaires. si naturelles en la circonstance. Dieu l'exauça.

Ce successeur était un de ses anciens vicaires (1), celui qui, pendant onze ans, avait porté avec lui le poids du jour et de la chaleur. Il l'aimait en père avec l'assurance que sa vive affection lui était filialement rendue. Au milieu de la tristesse qui accompagne fatalement la rentrée dans le rang et la solitude, après une vie d'expansion, de mouvement et de reponsabilité, cette nomination fut pour lui une cause de joie douce et profonde. Les intimes savent avec quel bonheur il accueillit cet aide des premières années de travail, et reprit avec lui les lentes promenades d'autrefois sur le rempart, aux heures toujours précises des récréations. C'était à la fois plaisir et édification de voir le vétéran du sacerdoce s'appuyer sur le bras plus jeune de son disciple, soit pour descendre ou monter les marches du sanctuaire, soit pour se rendre à l'Evêché et rentrer dans sa paisible demeure.

✝

On vient de le lire, en relevant M. Davant de ses fonctions curiales, Monseigneur avait eu l'aimable

---

(1) M. Vergnaud, actuellement curé de la cathédrale.

attention de le nommer doyen du Chapitre, à la place du vénéré M. Descordes.

Le nouveau dignitaire prit sa charge au sérieux. Il plaça bien en évidence, sur son bureau, le coutumier complet et précis rédigé par un de ses arrière-prédécesseurs, le très digne M. Chevrou, afin de pouvoir aisément le consulter et empêcher ainsi, dans les offices publics, toute dérogation aux usages établis et toute violation des rubriques.

Une des premières mesures dues à son esprit de régularité fut l'inauguration du chant des Complies, les jours de fête après le sermon des vêpres. — On l'avait supprimé pour ne pas allonger démesurément la cérémonie. — M. Davant y revint et, pour ne pas froisser ses collègues, il prêcha le premier d'exemple. On n'eut pas le temps de reprendre l'habitude de ce chant. Bientôt après, les jambes du zélé doyen refusèrent de le porter à l'église ; en même temps les fidèles se plaignirent de l'innovation, qui les retenait trop longtemps à l'office du soir. Elle tomba.

M. Davant le sut et en gémit ; mais, ne pouvant remédier au mal, il voulut du moins se mettre en règle avec le droit au moyen d'un indult de la cour de Rome. La dispense des Complies fut accordée le 26 mars 1896.

Auparavant déjà, le 26 novembre 1895, dans son respect pour les rubriques, bien convaincu de l'impossibilité d'infuser une vie nouvelle dans les membres anémiés du Chapitre, le doyen avait obtenu du Saint-Siège dispense de la messe fériale de l'Avent, du Carême et de certaines vigiles, d'une des deux messes des Rogations et de S. Marc, de la messe de *Requiem* due par le Chapitre aux défunts le premier jour de chaque mois.

Enfin, observateur aussi fidèle des lois de la justice que des Rubriques, le 22 novembre 1897, il demanda grâce pour l'omission dans le passé des messes des bienfaiteurs de l'Eglise, messes dont les honoraires ont été perdus avec les rentes enlevées par la Révolution, et demanda une règle de conduite pour l'avenir.

Voilà des preuves évidentes de l'existence en M. Davant d'un esprit pratique, régulier, ami de l'ordre et de l'équité.

Bien inspiré par ses sentiments d'affectueux respect envers le Chapitre, il exigeait que la salle capitulaire fût propre et bien tenue, qu'on ne la changeât pas en débarras, en cabinet de lecture et de conversation, comme cela était arrivé parfois. Une de ses joies fut d'y placer le portrait de M. Descordes, son prédécesseur, portrait d'une ressemblance frappante dû au pinceau d'un peintre de talent de notre ville (1).

Le bon doyen accepta, du reste, de poser lui-même devant le même artiste, et aujourd'hui son

(1) M. Henri Doras.

propre portrait fait le pendant de celui de M. Descordes, à gauche de l'image de Léon XIII. Il y est bien réussi, avec sa vaste calotte encadrant son grand front, ses yeux aux regards un peu voilés et timides, les deux sillons profondément creusés dans ses joues de chaque côté de la bouche, son attitude pesante et calme. C'est M. Davant.

Il semble être là pour donner immédiatement son avis dans les difficultés de la vie canoniale, comme de son vivant où il était toujours prêt à mettre sa science au service de ses collègues.

En effet, pendant son décanat, si une question liturgique se trouvait en litige, il tombait aussitôt sur de Hert, avec l'entrain de ses jeunes années ; la solution était vite trouvée et défendue chaleureusement, comme il convient dans toutes les grandes causes. Du reste, ç'avait toujours été un véritable bonheur pour M. Davant de relever les fautes préjudiciables au bon ordre des offices et, par conséquent, à la dignité du culte de Dieu.

Le chant grégorien est un progrès incontestable dans la liturgie, cependant — il faut bien le dire — le scrupuleux doyen le vit avec quelque regret substituer dans la cathédrale au plain-chant ordinaire, les jours de grandes fêtes. Ce n'est point qu'il ne le trouvât pas beau, mais il ne le savait pas et, par suite, il devait se taire, quand il était obligé par ses fonctions de mêler sa voix à celles du chœur : il en coûtait à sa conscience de ne pas remplir cette mission. Hélas! il eut trop peu de temps à s'alarmer de cet accroc aux lois de l'office canonial....

Durant les premiers mois de sa retraite, M. Davant alla dire sa messe à l'église où tous, prêtres, employés et fidèles, étaient heureux de le revoir et l'entouraient d'un profond respect. Il dut y renoncer à cause de la difficulté pour lui de descendre et monter les nombreuses marches du sanctuaire, et de la nécessité de fortifier de bonne heure son débile estomac. Il obtint de Rome la faculté de célébrer les saints mystères dans son salon.

Le vénérable doyen n'avait pas les mêmes raisons de manquer les vêpres. Il continua d'y assister jusqu'au milieu de 1896. C'était pour lui un véritable bonheur en même temps qu'un devoir. Il donnait le bon exemple; les fidèles étaient édifiés de son zèle et, tout en rendant gloire à Dieu, il jouissait — quoi de plus naturel? — de se sentir encore utile à quelque chose. En outre, ses bonnes connaissances étaient tout heureuses d'entendre saf orte voix que les années n'avaient pas cassée.

Cruelles années! Elles l'avaient atteint par ailleurs. Leur poids accablait ses jambes et ses reins; par suite, il ne pouvait plus se mouvoir qu'avec difficulté et le temps approchait où il allait être obligé de faire un nouveau sacrifice, plus douloureux que les précédents, et de disparaître à jamais de Saint-Pierre. C'était une retraite dans la retraite.

Avant d'y entrer, il accomplit un acte remarquable pour un homme de soixante-seize ans, faible et infirme. Son successeur à la cure de Saint-Pierre fut obligé d'aller à la campagne un dimanche, afin d'y rendre un service afférent à sa charge. Un prêtre dit à la cathédrale la messe de neuf heures et lui, le doyen, il monta en chaire; il parla sur le repos éternel, il en parla avec tant d'émotion et de force, tant d'onction et de piété, que les fidèles sentirent les larmes leur monter aux yeux, en pensant qu'il les quitterait peut-être bientôt, pour aller jouir des heureuses réalités de ce qu'il venait de leur décrire sous les douces et vives couleurs d'un rêve d'or.

Décidément ce fut le chant du cygne.

Les forces trahissaient la volonté de M. Davant. Il ne parut plus à Saint-Pierre; ce fut pour lui une vive douleur. Il en eut bientôt une autre plus amère encore s'il est possible.

La plupart de ses collègues les chanoines étaient vieux et malades; cependant, faute de subsides, il ne fallait pas songer à leur adjoindre des membres plus jeunes et plus valides. Sur leur propre demande, Sa Grandeur obtint de Rome, le 26 mars

1896, la permission de supprimer la messe et l'office capitulaires durant la semaine. Le bon doyen, obligé de consentir à cette abolition du culte solennel et quotidien, ne pouvait en prendre son parti, et il cherchait sans cesse des moyens de le rétablir. Hélas! il est parti de ce monde avant de contempler l'aurore du beau jour de cette restauration ; espérons qu'il le verra au ciel.

Non seulement il ne se montra plus à l'église, mais on cessa presque de le voir en dehors de sa maison. Pendant quelque temps encore et peut-être deux ou trois fois par semaine, il fit, au bras d'un ami, un petit tour sur le rempart, afin d'y respirer un peu d'air pur durant quelques minutes ; son extrème faiblesse l'obligea d'y renoncer. Il se confina dans sa maison et n'en sortit plus qu'en de très rares circonstances, par exemple pour les examens du séminaire et les réunions générales du clergé de la ville, autour de son chef.

Un mot a été déjà dit sur son assiduité à ces examens : il n'est pas inutile d'y revenir pour ajouter que si elle fut constante jusqu'à la fin, c'est tout à l'honneur du vertueux doyen.

En allant mettre à l'épreuve la science des élèves du sanctuaire, M. Davant donnait une marque d'affection aux prêtres de la Mission, ces hommes dévoués qui se consacrent depuis tant d'années à la formation du clergé diocésain avec une intelligence et une modestie parfaites. Il était heureux

de leur rendre ce service et, de leur côté, les Fils
de saint Vincent savaient le reconnaître par leurs
attentions délicates et leur vénération ; il n'ignorait pas ensuite que la perspective de paraître
devant lui excitait les jeunes clercs au travail ;
enfin, c'était pour lui un souvenir délicieux de sa
vie de directeur.

M. Davant, on s'en souvient, était resté professeur au grand séminaire pendant onze années qui
furent vraiment les années bénies de sa longue
carrière. Ah ! c'était le bon temps alors : il n'avait
à s'occuper ni de sa table, ni de sa maison, ni du
monde. Les Valette, les Durandeau, les de la Croix,
les Trouette, intelligences et natures d'élite, lui
formaient un entourage que rien n'avait remplacé
depuis ; son zèle se dépensait auprès de jeunes gens
dont la bonne volonté répondait à ses soins, comme
l'instrument répond au doigté de l'artiste ; il voyait
s'étendre devant lui les longs avenirs et briller les
belles espérances. Maintenant, tout était changé :
la vieillesse courbait vers la terre son corps
amaigri ; le désenchantement remplaçait dans
son âme les douces illusions ; il avait souffert et la
dernière douleur n'était peut-être pas éloignée.

Au milieu des ombres du couchant qui commençaient à l'environner, les souvenirs de cette période
charmante de sa vie lui revenaient avec un charme
indéfinissable ; il aimait à les réveiller de temps en
temps. Ce rêve évanoui d'une félicité sans mélange,

les examens lui donnaient l'occasion de le reprendre. Il les aimait donc pour un double motif:
parce qu'il y était utile et parce qu'il y retrouvait
un regain de jeunesse; son esprit et son cœur y
volaient de concert comme à une fête.

Aussi, quand le jour de descendre au Séminaire
était venu, rien n'était capable de le retenir : il n'a-
vait plus le mal de tête ou il ne songeait pas à s'en
plaindre : ses jambes reprenaient de la vigueur et
le temps était toujours assez beau. Il rentrait le soir,
fatigué mais joyeux. Quel bonheur ! Il s'était re-
mémoré un traité ou deux de sa belle morale ; il
avait posé des cas, critiqué des solutions, cité des
auteurs, riposté à quelque trait aimable. Il était
ravi. Vint un temps où il fut trop faible pour se
rendre à pied à cette fête ; ce ne fut pas pour lui
une raison de renoncer au cher voyage ; il prit une
voiture et se fit conduire jusque dans la cour du
Séminaire. Soutenu par quelques amis, il montait
les degrés, arrivait enfin à son bureau, et en avant
les questions, les objections, les éclaircissements
et les syllogismes.

Après les examens, une autre occasion de sortir
et, en un sens, une nouvelle distraction aimée du
bon doyen, c'étaient les réunions générales à l'E-
vêché, en certaines circonstances particulières :
le départ de Sa Grandeur pour un long voyage, son
retour, le passage d'un prélat ami, d'un cardinal,
le premier de l'an.

Alors M. Davant était chargé de présenter le Chapitre et le clergé de la ville.

Il attachait une importance extrême à cette mission, soit à cause du profond respect qu'il avait pour tous les dignitaires de l'Eglise et, spécialement, pour son évêque, soit à cause de l'exemple d'humble soumission et d'énergie dans l'accomplissement du devoir qu'il donnait à ses frères plus jeunes dans le sacerdoce.

Ses compliments ne tenaient pas en quelques phrases simples et gracieuses, comme c'est l'usage dans ces fêtes de famille ; c'étaient de petits discours divisés, développés point par point, remplis de théologie. Contre son habitude, il y mettait de la littérature, du sentiment ; il les lisait d'une voix un peu tremblante. On voyait qu'il les avait travaillés avec amour, et, en vérité, pour un homme de son âge, infirme et souffrant, c'étaient de petits chefs-d'œuvre.

Pour s'en convaincre, on n'a qu'à lire celui du premier de l'an 1895, on y trouve des pensées délicates, vives, comme celles-ci, par exemple :

« Chaque jour, chaque instant, chaque minute, dit un pieux et savant auteur, est une relique du Sauveur qui peut opérer en nous quelque merveille. Mais le temps passe vite, et dans sa course rapide il use tout. Je me trompe, il y a des choses qu'il ne pourra jamais atteindre et dont il ne fera au contraire que développer l'intensité : ce sont les

8

sentiments de vénération profonde et d'amour filial dont nos cœurs sont remplis pour votre personne sacrée. Ce sont ces sentiments qui nous amènent aux pieds de Votre Grandeur. »

N'est-ce pas tourné avec art et vraiment bien touché ?

Qu'on parcoure ensuite celui où il loue deux œuvres marquantes accomplies par Monseigneur en l'année 1897, on y verra briller les mêmes qualités :

«Vous avez, dit-il à son évêque, vous avez non seulement continué et développé les œuvres de vos vénérables prédécesseurs, mais vous en avez ajouté de nouvelles. Les limites que je ne veux ni ne dois dépasser ne me permettent d'en signaler que deux.

« Par une ordonnance précédée d'une instruction magistrale, écrite en beau style et pleine d'érudition, vous avez prescrit les conférences ecclésiastiques ; elles ont eu lieu déjà pendant plusieurs mois et ont été faites consciencieusement et avec soin. Que par ces travaux intellectuels, le clergé pénètre chaque jour davantage dans le sanctuaire et les profondeurs de la science sacrée.

« Vous avez composé un abrégé de la doctrine chrétienne remarquable par sa brièveté, sa clarté, son exactitude et son exécution typographique. Il a déjà fait son apparition si ardemment et depuis si longtemps désirée.

« O précieux et charmant petit livre, nous t'avons

salué et te saluerons avec joie : prends ton essor et qu'il
te soit fait un accueil gracieux et empressé.

« *I liber, i celeri passu, per rura, per urbes.* »

« Pénètre partout, sois dans toutes les mains, dans
celles des petits et des grands, des pauvres et des riches,
des ignorants et des savants ; « tu es le livre des vieil-
lards autant que des enfants », disait le cardinal de
Cheverus. Plus d'un haut personnage et plus d'une
personne faisant profession de piété auraient besoin de
recourir à toi et de te consulter souvent ; tu leur rap-
pellerais des choses qu'ils ont oubliées, et tu leur en
apprendrais qu'ils n'ont jamais sues.

« Que tous imitent un bon chrétien de cette cité qui
avait sans cesse son catéchisme sur sa table et se faisait un devoir d'en lire quelques chapitres chaque
jour ; et ce supérieur de grand séminaire qui, après
avoir enseigné avec distinction la philosophie, l'Ecriture sainte et la théologie, étudiait le catéchisme et se
faisait un plaisir d'en citer des demandes et des ré-
ponses à quelqu'un que je connais bien.

« Donne à tous l'intelligence parfaite du symbole ca-
tholique qui est le sommaire de l'enseignement chrétien, le signe par lequel on distingue le vrai croyant
de celui qui ne l'est pas, le vrai soldat de Jésus-Christ
du lâche qui a déserté son drapeau, le vrai chrétien de
l'hérétique et de l'apostat ; le symbole que les apôtres
eux-mêmes ont composé, que les saints docteurs ont
développé dans leurs savants ouvrages, que les mar-
tyrs récitaient en commun avant d'aller au supplice et
qu'ils ont défendu par l'effusion de leur sang.

« Fais connaître à tous le code sacré donné sur le

mont Sinaï et à nouveau promulgué par le Dieu fait
Homme, qui renferme en quelques lignes tous nos devoirs envers Dieu, envers nous-mêmes et envers le
prochain ; il est le chemin qui doit nous conduire au
ciel ; sa fidèle observation exile le vice, fait régner la
vertu, éloigne les fléaux, attire les bénédictions spirituelles et temporelles, procure la plus grande somme de
bonheur dont on puisse jouir sur la terre, en attendant la vraie béatitude qui ne finira jamais... »

N'y a-t-il pas ici de la doctrine, de la verve, de
la poésie ?

Les prélats à qui M. Davant adressait ces bonnes
allocutions en étaient touchés et le clergé les écou-
tait avec plaisir. Ses amis en critiquaient parfois la
longueur. « Que voulez-vous ? reprenait l'auteur,
je ne peux plus prêcher ; je me rends utile d'une
autre manière, non pas à Sa Grandeur, qui n'a
pas besoin de mes idées, mais aux lecteurs de la
Semaine religieuse. » Il avait en effet accepté qu'on
y publiât ses compliments.

Il se faisait donc encore de ce genre de travail
un véritable devoir de conscience. Aussi, il y pensait des mois à l'avance ; la crainte de ne l'avoir
pas fini ou d'être incapable de le lire au moment
voulu le rendait triste et anxieux ; il n'avait pas de
paix qu'il ne l'eût dicté ; il le revoyait ensuite plusieurs fois, demandait qu'on y fît des corrections
et les refusait habituellement ou les mettait à
contre-cœur.

Le moment de produire son œuvre arrivé, que
de peines pour parvenir à l'installer dans un fauteuil au grand salon de l'Evêché ! Il partait de
sa maison une canne à la main gauche, une béquille sous l'épaule droite, soutenu en route par
un ou deux amis. Il lui fallait du temps pour se
rendre au bas de l'escalier de la cour d'honneur ;
il en fallait encore plus pour le hisser d'une marche sur l'autre en lui arrachant des gémisse-
ments ; au retour, mêmes difficultés, mêmes souffrances ; mais M. Davant était heureux : il s'était
acquitté d'une obligation de sa charge, et son évèque avait tiré de son cœur pour lui quelques paroles réconfortantes.

A part ces cas exceptionnels, le vénérable doyen
demeura renfermé dans une solitude absolue.

Il sut, il est vrai. animer cette solitude. Toutes
ses heures étaient partagées entre l'étude et la
prière. On a déjà vu avec quel zèle il se livrait à
ces deux occupations, un mot suffit pour complé-
ter ce sujet.

Le saint office avait une place de choix, comme
obligation de conscience, au milieu de sa vie de
piété. Oh ! le bréviaire bien récité que le sien !
Pendant qu'il en parcourait les pages, ses distractions étaient rares et rudement repoussées. Au-

tant que possible, il assignait à chacune de ses
parties son heure règlementaire. Entre les autres
exercices pieux de sa journée, comme il avait soin
de lancer vers le ciel une multitude d'oraisons ja-
culatoires ! La nuit et le jour, la rue et l'église,
tous les temps et tous les lieux lui étaient bons
pour décocher ces traits enflammés.

Il s'en servait même dans les études les plus absorbantes ; et cependant quelle ardeur il apportait
à la lecture raisonnée de sa chère théologie ! Il
avait souvent pris la résolution de ne plus acheter
d'auteurs nouveaux ; mais, par malheur, il en paraissait toujours un plus parfait que les autres, et
celui-là venait à son tour apporter au vieux savant
son contingent de décisions et d'expériences, meubler sa mémoire, modifier quelquefois ses opinions
et éclairer toujours davantage son jugement. Il les
dévorait tous littéralement. S'il a péché par quelque amour, c'est assurément par l'amour de la
science sacrée. On peut dire qu'il est tombé sa
Morale à la main, car le jour même où il engagea
contre la maladie et la vieillesse le combat où il
fut vaincu, il fit avec l'attention des années de sa
jeunesse son étude accoutumée.

CHAPITRE VII.

Portrait moral.

Telle a été la vie de M. Davant. Il est des esprits à qui elle paraîtra vulgaire ; je reconnais qu'on n'y trouve pas des situations dramatiques, des événements considérables, des prodiges de sacrifice, des éclairs de génie, du mouvement, de la variété, de vastes horizons. Tout y est simple et naturel ; c'est d'un jour à l'autre l'exacte répétition des mêmes actes ; le présent y reproduit le passé et y annonce l'avenir ; la vertu n'y brille pas avec un éclat éblouissant, elle s'y fait deviner ; mais on l'aime davantage, parce qu'elle est humble et tranquille. Cette vie est ennemie du bruit et de la réclame ; elle converge toute vers un point unique, la volonté de Dieu ; elle se résume dans un seul culte, le culte du devoir.

Elle ne s'est pas formée elle-même, d'après un plan laborieusement tracé d'avance ; elle a été faite

par les supérieurs. Ce sont eux qui lui ont imposé
ses diverses missions, nul ne les a sollicitées pour
elle. Son grand mérite a été l'obéissance modeste,
mais active. On peut la comparer à un ruisseau
caché sous bois, mais rempli jusqu'au bord d'une
eau pure et fécondante, peuplée de poissons savou
reux ; en d'autres termes, comme on vient de le
dire, elle a été une vie de devoir, embellie par un
véritable esprit sacerdotal, éminemment respectable en elle-même, utile à l'Eglise et aux âmes.

Cette vie est écrite en trop peu de pages pour
qu'elle puisse donner de M. Davant une idée complète, mettre en relief son caractère, les heureuses
tendances et les côtés faibles de sa nature, ses
vertus favorites, en un mot, son âme. Il faut y
glaner des traits épars, en ajouter d'autres qui n'y
ont pas trouvé place, les grouper tous en un
tableau dont les lignes nettement accusées, avec
des couleurs aux tons divers, reproduisant bien sa
physionomie originale, rendue plus attachante
encore par ses imperfections elles-mêmes.

La contemplation de ce portrait sera pour
l'esprit un repos fortifiant, avant qu'il ne s'arrête
sur les scènes douloureuses de la dernière maladie
et de la mort du vénérable chanoine.

M. Davant était un esprit assimilateur, clair et
solide. Ami de l'étude, il lui a consacré une partie

de sa vie, dont elle a été la consolation et la joie, non seulement dans les années de son professorat au grand séminaire, mais au milieu des labeurs du ministère pastoral et des souffrances de la retraite.

Il n'avait point de goût, il est vrai, pour les sciences profanes, jamais personne ne l'a vu faire une incursion quelconque dans le domaine de l'histoire, de la géographie et des mathématiques ; il n'a point passé son temps, comme le grand roi de nos saints livres, à scruter les secrets de la nature, à découvrir les vertus des plantes et à graver la carte du ciel ; les annales mêmes de l'Eglise ne le charmaient pas. Le bruit des luttes et des victoires, les ravages des hérésies et des schismes, le spectacle des gloires et des tribulations de la société chrétienne ; pour tout dire, le mouvement incessant des hommes et des idées, du bien et du mal dont ces annales sont remplies, troublaient sa tranquillité au point de lui donner le vertige.

Il aimait mieux la philosophie, qu'il avait professée neuf ans, comme on l'a vu ; mais, création de la seule raison, elle n'allait pas entièrement à son esprit traditionnel.

Il était plus à l'aise au milieu des thèses et des lois du droit canonique, dans lequel il regrettait d'avoir jeté les yeux bien tard, en plaignant le clergé de France du dédain qu'il lui avait trop longtemps témoigné. Mais où il entrait de plain-pied, l'élément où il se mouvait avec une aisance parfaite, c'était la théologie. Après de longues heures de fatigue, il l'ouvrait avec délices, s'y plongeait avec ravissement, comme d'autres esprits désireux de distractions, dans une poésie délicate ou une riante nouvelle. Cette lecture était le repos de ses nerfs, la brise fraîche pour sa tête brûlante, le joyeux soleil pour ses yeux obscurcis par la pénombre du sanctuaire.

M. Davant s'était, pour ainsi dire, engagé par vœu à ne pas laisser passer une seule journée sans en parcourir au moins six ou sept pages. On peut affirmer qu'il lui fallait la force majeure pour manquer à ce devoir si conforme à ses goûts. Les examens des jeunes clercs, auxquels il consacrait des demi-journées, ne lui paraissaient pas une cause de dispense valable pour cette obligation de conscience et de cœur. Il ne comprenait même pas qu'un prêtre pût omettre de le remplir pendant un temps notable; malgré sa bienveillance naturelle, il a souvent répété qu'il n'entendrait jamais raison sur ce point et refuserait impitoyablement d'absoudre de cette faute, sans une promesse préalable et sérieuse de se remettre sur-le-champ à une étude dont un directeur des âmes et un prédicateur ne sauraient se passer.

Les deux branches de la science sacrée n'avaient pas pour lui le même attrait. Sa spécialité, c'était la morale. Il en scrutait sans cesse les principes, dont il suivait l'application dans les moindres détails ; il l'analysait dans la casuistique ; en un mot, il ne négligeait rien de ce qui pouvait perfectionner la connaissance qu'il en avait acquise. Aussi la possédait-il à fond et quand un cas lui était soumis, il en indiquait sans peine la solution, souvent même il tombait droit sur la page de l'auteur où il l'avait vue exposée.

Une faculté maîtresse lui rendait ses décisions promptes et faciles, c'était une mémoire vaste, puissante et sûre. Toutes les idées pratiques s'y classaient dans un ordre parfait pour ne plus en sortir ; il les y puisait à volonté, en chaire comme dans son cabinet.

Il n'écrivait pas ses instructions et pourtant il les savait littéralement par cœur ; elles étaient comme gravées dans sa tête, il les y lisait ligne par ligne en prêchant, et, pour ne pas être distrait de ce cette lecture, il tenait habituellement les yeux fermés.

Son enseignement révélait la tournure de son esprit. On aurait été déçu si on y avait cherché les ornements de la littérature, mais on y trouvait des idées saines et fortes, enchaînées avec logique dans un plan simple et lumineux, exprimées d'habitude correctement, et largement développées. Ses instructions avaient une charpente rugueuse, aux arêtes trop vives, mais elles étaient sensées et nourries, laissaient dans l'esprit des notions claires et pratiques, dont le souvenir se conservait facilement. Elles furent toujours très goûtées des esprits sérieux, plus avides de science religieuse que de rhétorique, qui demandent aux prédicateurs chrétiens une doctrine substantielle et ne se rebutent, à l'occasion, ni de leur accent exotique ni de leur ton défectueux.

Ses connaissances ascétiques et morales lui ont été d'un grand secours dans la direction des âmes, ce ministère important et délicat auquel il s'est voué avec un zèle infatigable. Que de cœurs il a relevés, affermis et consolés dans ses longues sessions au saint Tribunal ! Tous ceux qui l'ont eu pour guide dans la voie du salut savent combien il a été ferme sur les principes et large dans leur application.

†

M. Davant avait ses raisons pour se montrer compatissant et miséricordieux au saint Tribunal, c'est qu'il connaissait par expérience les souffrances des âmes timorées à l'excès. Il avait été, on y a fait allusion, horriblement travaillé dans sa jeunesse par des scrupules de toutes sortes ; jamais il n'a remporté sur cet ennemi une victoire complète ; il l'a montré souvent par des questions anxieuses au sujet de prétendues fautes contre la charité, d'imaginaires imprudences par rapport à la modestie, de manquements involontaires à des rubriques sans importance, et surtout par l'emploi, durant la messe, d'une petite cuiller de vermeil avec laquelle il mesurait la quantité d'eau exigée pour le saint sacrifice.

A cause de ses inquiétudes de conscience, il a eu rarement le courage de décider dans ses propres cas. Pour le guérir des tourments intimes qui allaient jusqu'à le rendre malade, ses premiers maîtres avaient cru nécessaire de mettre leur conscience à la place de la sienne ; en sortant de leurs mains trop paternelles il s'était trouvé, pour ainsi dire, à l'état d'être impersonnel. Habitué à recourir aux autres dans toutes ses difficultés, il n'a pas eu l'idée de se passer de leurs lumières, et il n'a cessé de leur obéir, quel que fût leur âge, avec la simplicité d'un enfant.

C'est dire que ce n'était pas un caractère. Le moindre obstacle prenait à ses yeux des proportions gigantesques et, debout en face, sans savoir s'il devait le franchir ou le tourner, il restait souvent à la même place, tremblant.

M. Davant a parfois trouvé sur son chemin des gens qui se plaisaient à entraver sa mission, particulièrement par rapport à l'éducation de l'enfance ; il se bornait à en gémir, c'était à ses aides de commencer la lutte libératrice, et ils n'étaient pas assurés d'être soutenus jusqu'au bout.

Ce n'est pas qu'il fût aveuglé sur ses intérêts et

ceux de son ministère, ou qu'il méconnût la nécessité du mouvement, c'est-à-dire de la résistance et, à l'occasion, de l'offensive ; non certes, il était intelligent ; mais il manquait de volonté au moment de l'action. Il distinguait le but et la voie et n'osait pas marcher ; toute difficulté lui inspirait de la terreur. La responsabilité même la plus légère lui pesait ; infailliblement sa première pensée était de s'en décharger : la plupart du temps les supérieurs devaient l'endosser ou, sur leur refus, elle passait à ses auxiliaires. Il leur laissait l'initiative et se contentait de les suivre d'un pas timide, hésitant, irrésolu, jusqu'au succès définitif de l'entreprise, tout prêt à oublier, s'ils se heurtaient à quelque obstacle imprévu, qu'ils agissaient suivant ses désirs et d'après un plan convenu entre eux. Hélas ! il était faible, et s'en rendait compte sans pouvoir y remédier.

Et cet homme toujours tenté de se dérober ainsi aux responsabilités, dominé par l'impérieux besoin d'être guidé en ce qui lui était personnel, savait parfaitement bien donner un avis utile, appuyé sur de solides raisons, dès qu'il était consulté sur des questions étrangères.

On estimait son esprit calme et judicieux, sa conscience délicate ; on avait foi en ses lumières ; recourir à ses conseils et s'en bien trouver étaient habituellement une même chose. Il a souvent résolu des cas épineux à la satisfaction générale.

Administrateur de l'hôpital, il montrait en tout et à tous un tact, une courtoisie, un esprit de conciliation qui le rendaient cher et respectable à ses collègues. A la suite de certains actes entachés, à ses yeux, d'hostilité contre la religion, il crut devoir donner sa démission. La préfecture renseignée par la municipalité ne voulut pas l'agréer. Il la maintint six mois ; jamais on ne consentit à la recevoir, et enfin, après mille instances, sur le conseil même de son Évêque, il l'a reprit. Ce fut une joie générale. Voilà l'estime qu'on faisait de lui.

Les trois Évêques sous lesquels il a vécu sa vie d'homme ont apprécié à l'envi son sens droit et pratique ; il a fait très bonne figure dans leurs conseils.

On n'a point à s'en étonner ; qu'est-ce en effet qui aurait pu obscurcir son intelligence et troubler son jugement, puisqu'à une science de bon aloi il joignait une vertu éprouvée ?

†

Sa foi était vive, profonde et délicate ; une opinion fausse ou simplement téméraire le faisait frémir ; il ne laissait jamais passer en chaire une expression suspecte ; si, par un accident très rare, il lui en échappait quelqu'une à lui-même, il n'avait pas de paix qu'il ne l'eût rectifiée.

La foi était un sujet qui revenait souvent dans ses discours publics ; il aimait à en expliquer la nécessité, les avantages, les caractères, les dangers et les remparts. Une de ses pratiques très habituelles au Tribunal de la pénitence était d'en résumer l'objet, devant les personnes qui ne lui semblaient pas suffisamment instruites — et Dieu sait si à ses yeux le nombre en était grand — il ne manquait jamais, quelque hâte qu'il eût, de leur faire un petit cours sur les vérités dont la connaissance est absolument indispensable comme moyen de salut.

Aussi quel respect il avait pour les sources et les dépôts de la foi ! Certes, M. Davant souscrivait aux sévérités du *Syllabus* contre les exagérés qui rabaissent outre mesure la raison humaine, oubliant qu'elle est un des rayons de la lumière de Dieu ; mais il n'aimait pas à en faire usage, quand pour cela il fallait perdre la foi de vue, même un instant.

C'était l'homme de la tradition, de l'autorité, accoutumé à jurer sur la parole d'un maître. « Voilà, disait-il, le sentiment des Pères... Tel auteur a donné sur ce point cette décision... C'est l'opinion commune. » Si on croyait devoir hasarder une timide contradiction, faire valoir un argument de raison, de convenance, il portait les deux mains à ses oreilles, comme s'il eût voulu se défendre d'écouter une parole blasphématoire.

A plus forte raison, M. Davant était-il intraitable quand la discussion s'engageait sur la seconde source de la foi, sur un texte de la sainte Ecriture. Dès lors que le sens de la proposition lui semblait fixé depuis longtemps, on était très mal venu de lui en trouver un autre, et surtout si l'on avait le malheur, en un moment de gaieté, de se servir d'un verset quelconque des Livres Saints, en le prenant dans un sens plaisant ou par trop accomodatice, il ne manquait pas d'arrêter tout court l'imprudent exégète en lui citant, après un cri étouffé de désapprobation, ce texte du Concile de Trente : « *Mandat et præcipit (Sancta Synodus)... ut omnes hujusmodi homines temeratores et violatores Verbi Dei, juris et arbitrii pœnis per Episcopos coerceantur.* Le saint Concile ordonne aux Evêques de réfréner l'audace de cette espèce d'hommes qui violent et profanent la parole de Dieu, en leur infligeant des peines de droit ou d'autres laissées à leur discrétion. »

Il est facile de conclure quelle vénération il professait à l'égard du gardien suprême de la foi. Le Pape était pour lui un être sacré. A l'exemple du P. Faber, il lui vouait un culte, comme à l'Eglise, et de même nature.

Voici ce qu'il disait à son Evêque au moment de son départ pour un voyage *ad limina :*

« En entretenant le Saint-Père de votre diocèse, vous

aurez sans nul doute à lui parler de nous. Votre
grande bienveillance et votre affection paternelle pour-
raient bien vous faire quelque illusion ; mais vous
serez assuré de ne pas vous tromper en affirmant au
vicaire de Jésus-Christ que nous lui sommes parfaitement soumis, que nous faisons des vœux très ardents
pour qu'il reste longtemps encore à la tête de l'Eglise,
et qu'il lui soit donné de voir le triomphe de cette
Epouse immaculée du Sauveur. Vous serez dans le
vrai en lui disant que nous l'aimons d'un amour fort,
tendre, religieux, délicat; que nous sommes disposés
à éviter tout ce qui pourrait l'attrister et à faire tout
ce qui pourrait procurer une joie à son cœur. Ces sentiments, vous les connaissiez déjà ; mais il nous est
doux de les exprimer formellement à cette heure
solennelle. »

Voici ce qu'il lui disait au retour :

« Vous avez vu le Chef suprème de l'Eglise ; vous
avez goûté le charme et la suavité de ses entretiens,
reçu ses félicitations et ses encouragements ; vous avez
vu le Pape qui est la plus haute personnification du
Sauveur, vous lui avez transmis l'expression de nos
sentiments ; il sait que nous lui sommes parfaitement
soumis et que nous l'aimons. Cette pensée inonde
notre âme de consolation. »

« Oui, nous aimons le Pape, nous savons qu'il n'est
pas possible de séparer dans son cœur le Vicaire de
Jésus-Christ de Jésus-Christ lui-même. Nous savons
que l'amour pour le Souverain Pontife est une partie
essentielle de la piété chrétienne. Nous l'aimons et nous

voudrions qu'il fût aimé de tous, que tous écoutassent avec docilité ses enseignements, ses préceptes et les missent fidèlement en pratique ; que ses conseils fussent regardés et suivis comme des ordres. Ce serait, pour les individus et pour les nations, le bonheur et la paix en ce monde et l'éternelle félicité dans l'autre. »

Il n'admettait pas qu'on pût avoir une opinion contraire à la sienne, même en dehors des matières où il est certainement infaillible.

« Que sommes-nous, disait-il, pour juger le juge
« souverain ? placé si haut, n'a-t-il pas pour se diriger
« des lumières et des grâces qui nous manquent, et par
« conséquent n'est-ce pas à lui de déterminer la limite
« de ses droits et l'étendue de ses pouvoirs ? »

M. Davant reportait sur l'autorité à tous les degrés le respect infini dont il entourait le Pape. A peine avait-elle parlé qu'il renonçait sans hésiter à ses propres idées pour suivre aveuglément sa direction. En particulier la velléité d'une résistance à son évêque, même d'un simple dissentiment avec lui se heurtait dans son cœur à une répugnance invincible, ou plutôt n'effleurait pas son âme. Un prêtre capable de traiter avec froideur le chef du diocèse était pour lui un mythe odieux dont il aurait volontiers nié l'existence.

La foi qui, ainsi, lui montrait Dieu dans la personne des supérieurs, la foi n'était pas à ses yeux une vertu de circonstance dont il dût faire simplement quelques actes en passant ; il en vivait réellement comme tous les Justes « *Justus meus ex fide vivit* » ; il essayait de donner à tous ses actes une portée surnaturelle, et purifiait sans cesse ses intentions afin de n'y glisser rien d'humain ou de purement naturel.

Continuellement sur le pied de guerre avec le tentateur et les passions, il faisait un fréquent usage de toutes les armes que la sainte Eglise remet aux mains des chrétiens, pour les faire triompher des attaques de ces deux sortes d'ennemis, en particulier, des sacramentaux et surtout de l'eau bénite.

Tout était considéré par lui au point de vue de la foi. Bien qu'il ait eu la politique en horreur et se soit justement acquis auprès de tous la réputation du plus pacifique des hommes, il souffrait vivement des assauts criminels livrés à l'Eglise par les sectes conjurées. Leur haine le plongeait dans des étonnements profonds, dans un pessimisme outré, où il ne voyait arriver le règne du Christ au milieu de la justice et la paix, que par des bouleversements, de violentes persécutions et l'effusion du sang. Malgré tout, il ne perdait pas courage : « La France, disait-il, est punie de son infidélité à sa mission, mais elle reviendra à la vérité et connaîtra des jours meilleurs, parce qu'elle est toujours le soutien des œuvres catholiques, le champion des bonnes causes et le soldat de Dieu ; la Providence ne l'abandonnera pas. » Ainsi, finalement, les plus terribles appréhensions ne parvenaient pas à altérer sa robuste confiance.

✝

La charité de **M.** Davant était à la hauteur de sa foi. Sa pensée était pour ainsi dire toujours pleine de Dieu ; il vivait avec lui, et envoyait sans cesse vers son cœur des aspirations d'amour. Cet exercice est devenu presque continuel dans sa dernière maladie.

Le Sacré Cœur, Marie, Joseph, étaient de sa part l'objet d'une piété ardente ; il avait juré de ne jamais donner une instruction sans y mêler leurs noms chéris : leurs statues trônaient sur sa cheminée, devant ses yeux ; « elles me regardent, disait-il, dans son naïf amour. » Il est difficile en particulier d'exprimer sa tendresse pour la Sainte Vierge ; c'était pour lui « la bonne mère » : il se plaisait à l'appeler ainsi dans ses prières ; et quand elle ne semblait pas l'exaucer, il murmurait doucement « la bonne mère ne m'écoute pas, c'est pour mon bien. »

Homme d'une discrétion parfaite, il a su, malgré sa simplicité de colombe, ne jamais livrer aucune des confidences dont il était honoré. Que de fois, quand il revenait du conseil épiscopal, des esprits déliés, malins comme le serpent, ont employé toutes les industries de leur habileté pour lui arracher une idée, un mot imprudent ! On n'a pas souvenir qu'il ait donné par surprise dans le panneau. On perdait même si bien sa peine avec lui qu'une mesure administrative était devenue publique depuis longtemps, courait dans la *Semaine religieuse* et tous les journaux, sans qu'on pût lui faire avouer qu'il en avait connaissance ; « je ne sais rien » c'était son refrain habituel,

Telle était son habitude de tout cacher qu'il en était venu à demander le secret pour les choses les plus indifférentes. « J'ai du nouveau à vous apprendre, disait-il ; mais — vous savez — c'est une affaire de conscience... n'en parlez à personne... » On comptait aussitôt sur quelque grave révélation et on était littéralement ahuri en l'entendant annoncer l'apparition d'un nouvel ouvrage ou une invitation à dîner ; et, le plus fort, c'est qu'il paraissait surpris du franc éclat de rire qui accueillait ces confidences éminemment diplomatiques.

L'indulgence chez lui était compagne de la discrétion. Il souffrait des critiques faites sur le prochain. Ses travers devaient être bien manifestes pour qu'il sourît un peu des saillies spirituelles dont ils étaient l'objet. Quant aux médisances proprement dites, aux calomnies, aux exagérations même assez légères, il ne les tolérait pas. Au premier mot de la diffamation, il éprouvait visiblement une impression pénible ; on sentait courir en lui comme un frisson douloureux ; sa main s'étendait en un geste brusque d'opposition, pendant qu'une rauque protestation grondait sourdement au fond de son gosier. L'interlocuteur imprudent devait s'arrêter immédiatement, sous peine de lui causer un vif chagrin et de l'exposer aux plus désagréables scrupules. Oh ! que de tours les mauvais plaisants lui ont joués, pour s'amuser de son embarras, en attribuant à des hommes imaginaires des méfaits de leur invention !

Pour lui, il donnait rarement son avis sur la conduite, les intentions ou les habitudes de qui que ce fût. Il avait tellement peur de compromettre sa conscience, qu'il ne parlait presque pas d'autrui, même dans le but d'en dire du bien. Jamais il n'a pris les devants pour s'entretenir d'une faute, fût-elle entrée de plain-pied dans le domaine de la notoriété publique ; et, quand il était obligé de convenir de sa réalité, il ne manquait pas d'étendre le bras en baissant les yeux, dans un geste désolé, de déplorer la faiblesse du coupable, d'atténuer la portée de ses égarements, de gémir sur la force des occasions auxquelles il avait succombé, en excusant au moins ses intentions.

M. Davant était le père des miséricordes. Dans les temps troublés du dernier quart de siècle de sa carrière, les passions soulevées ne respectant rien, il lui est arrivé, comme à tant d'autres prêtres vénérables, d'être l'objet de propos grossiers, de blasphèmes et d'insultes de la part des passants ; on ne l'a jamais vu s'en émouvoir et surtout y répondre. Les ecclésiastiques plus jeunes qui lui tenaient compagnie n'imitaient pas toujours sa patience, et relevaient vertement ou spirituellement les insulteurs. « Allons, disait M. Davant, c'est à nous de leur donner l'exemple de la charité ; ils sont moins coupables que ceux qui les trompent sur notre compte. Ce n'est pas chrétien encore moins sacerdotal de leur rendre le mal pour le mal ; Notre-Seigneur n'a pas maudit et humilié ses bourreaux, il a prié pour eux. »

L'excellent homme donnait à toutes les bonnes œuvres, s'apitoyait sur toutes les souffrances, s'efforçait de soulager toutes les misères. On l'a vu, il n'était point privé de cette béatitude qui consiste dans l'intelligence de la véritable condition du pauvre et dans le zèle à le secourir, par amour pour le Christ identifié avec sa personne, « *Beatus qui intelligit super egenum et pauperem... quamdiù fecistis uni ex fratribus meis minimis, mihi fecistis ;* toutes les fois que vous l'avez fait (le bien) aux moindres de mes frères, c'est à moi que vous l'avez fait. »

Inutile de dire qu'il avait horreur de la plus petite injustice. Que de choses il a payées deux fois, pour ne pas avoir de remords ou d'inquiétudes !

Il tenait le livre de ses messes avec un soin scru-

puleux ; cependant, dans la crainte de ne pas les
avoir toutes célébrées, il n'a pas manqué de laisser
à sa mort une bonne somme, afin de faire acquitter
ses intentions omises.

✝

Sous une écorce un peu rude, il cachait une âme
sensible et un cœur excellent. Mais sa bonté n'é-
tait pas démonstrative : il aurait trop craint, en la
manifestant, d'engager sa conscience.

On peut bien dire que nul homme n'a poussé
plus loin la délicatesse de la modestie. Certes, Job
n'a pas été plus sévère que lui dans le traité con-
clu avec ses yeux. Ses yeux, il les ouvrait très
peu, et comme il savait les fermer hermétiquement
dès qu'il appréhendait quelque chose de leurs regards ! Que de saluts il a donnés à tort et que
d'autres il n'a pas rendus pour s'être trop défié de
de sa vue ! Impossible à lui de faire un catéchisme
de jeunes filles, sans l'aide d'un surveillant. Il
n'osait pas fixer son petit peuple qui profitait ha-
bilement de sa gêne pudique pour s'accorder de
joyeuses récréations. Un mot, non pas léger mais
badin, le mettait mal à l'aise ; jamais une saillie
même innocente n'est tombée de ses lèvres. On
sentait quand une pensée indiscrète ou une image
trop vive traversait son esprit, car sur l'heure,
une contraction de visage, un sourd murmure, un

signe de douleur décelait son dégoût. Malgré son amour pour la théologie, il avait une répugnance extrême à traiter les questions de mœurs que les fonctions pastorales lui donnaient l'occasion d'étudier.

Sur le rempart ou dans une rue, M. de Ch... (1) était mal venu de lui parler trop haut de ses enfants, qu'il avait eus d'un très légitime mariage, avant de franchir par le veuvage le seuil du sacerdoce : il était arrêté court par d'énergiques *dulciter*, *doucement,* auxquels le bon père de famille ne comprenait rien, tant la conversation lui paraissait naturelle. M. Davant, au contraire, n'était pas éloigné de la trouver scandaleuse.

Une rougeur virginale lui montait subitement au front quand son regard tombait par hasard sur une annonce de prospectus peu convenable, sur une gravure indiscrétement vêtue.

En un mot, sa pureté a été celle d'un enfant à peine arrivé à l'âge de raison ou, mieux encore, d'un ange.

✝

On n'en est pas étonné quand on pense à l'inexpugnable rempart dont M. Davant l'a entourée

______

(1). — Gentilhomme poitevin ordonné prêtre à Angoulême, et incorporé au diocèse, après la mort prématurée de sa dame.

avec l'humilité, la défiance de soi, l'esprit de prière et la frugalité.

Personne n'a été plus étranger que lui à l'ambition, à l'esprit de domination, à la vaine gloire.

Il regardait comme une faute dans un prêtre la demande directe ou détournée d'un bénéfice, d'un poste quelconque. Aussi n'a-t il jamais fait une démarche ou exprimé un désir pour lui-même. Il a percé par la force intrinsèque de son mérite ; les honneurs sont allés à lui, il ne les a pas cherchés ; bien plus, sur la fin de ses jours, il avait des regrets de les avoir acceptés. « Comment ai-je pu être curé ? — disait-il — l'ai-je vraiment été ? » Tant il avait d'humbles pensées sur la mission dont il s'était cependant acquitté à la satisfaction générale.

Un éloge le faisait sourire. Le seul contre lequel il ne se récriât pas trop, était celui qui pouvait lui donner un peu de cœur en chaire.

Tout dans son extérieur trahissait son âme humble et modeste. Ses vêtements étaient courts et d'étoffe commune, ses chaussures grossières, son parapluie habituellement domicilié sous son bras, vieux, sans couleur précise et d'une grandeur démesurée, son chapeau la plupart du temps déformé. Il marchait légèrement courbé de côté, une épaule plus haute que l'autre, la tête inclinée, les yeux baissés, calme et comme résigné. Il racontait en riant qu'un de ses collègues du Chapitre l'avait

bien dépeint un jour en lui disant : « Savez-vous
l'idée que vous exprimez par votre mise et votre
maintien?—C'est celle de Jérémie : *Ego vir videns
paupertatem meam,* Je suis un pauvre homme
qui voit sa pauvreté. »

La simplicité de ses goûts se reflétait dans les
humbles images de sa chambre, sa petite lampe,
les rayons vulgaires où il rangeait ses livres, ses
armoires étroites et basses. On le plaisantait un
jour sur l'éclat de son mobilier ; « Vous avez beau
vous moquer, reprit-il, cela n'empêche pas qu'un
prêtre, auquel je me suis confessé dans un voyage,
a fait rouler toute sa morale sur l'obligation, pour
moi, d'éviter le luxe de l'ameublement. Le saint
homme ne me connaissait pas. »

C'est vrai. M. Davant n'a jamais sacrifié aux
vanités du monde. Les nécessités du ministère
l'ont mis fréquemment en relation avec ce monde ;
mais il a vécu au milieu de lui, pour ainsi dire,
sans le voir. C'était à son corps défendant qu'il
foulait le tapis des salons ; il se sentait mal à
l'aise dans ces splendeurs ; il y avait l'air d'un
exilé en proie à la nostalgie. En effet, sa conte-
nance gauche et gênée, ses pénibles efforts pour
apporter un appoint raisonnable à la conversation,
l'exhibition alternative de sa tabatière et de son
grand mouchoir, dont le rôle diminuait visiblement les embarras du sien, tout montrait qu'au
lieu d'être alors à une fête il remplissait un devoir.

Aussi ses visites étaient rares et courtes et, quand elles avaient pris fin, qu'il se retrouvait dans la rue, à l'air libre, un soupir de soulagement s'échappait invariablement de sa poitrine ; puis, en rentrant chez lui, dans sa pauvre chambre, dans cette cellule que ses habitudes retirées lui avaient rendue délicieuse, il faisait tout d'abord, de sa main mouillée d'eau bénite, un grand signe de croix, et, avec un sourire de bonheur dont son bon visage était tout illuminé, il disait : « *Vœ mundo* à bas le monde ; il n'est pas fait pour moi, je ne suis pas fait pour lui ; *moriamur in simplicitate nostra,* je veux vivre et mourir dans la simplicité ; voilà mon élément. » Aussi, on avait plaisir à lui voir esquiver les visites. Le matin, « c'était trop tôt pour recevoir ; » le soir, « trop tard ; » pendant le repas, « mais enfin un honnête homme, fût-il prêtre, doit avoir le temps de déjeuner ; » à la nuit, « je n'aurai donc pas le temps de réciter mon offfce ! » — « Cependant, disaient ses amis, les fidèles ont bien le droit de parler à leur curé ; où voulez-vous qu'ils vous abordent ? — Au confessionnal -- Il y a des affaires qui ne s'y traitent pas, et bien des chrétiens ont le tort de ne pas en user. » Poussé à bout, il esquissait un bon sourire, sans prendre la résolution de se montrer plus accessible le lendemain.

M. Davant avait dans la société des amis plus intimes avec qui il se départait de sa sévérité. Une

fois ou deux par an, il se hasardait à se laisser
conduire en voiture dans leurs villas, non loin de
la cité. Après le déjeuner auquel il faisait fort peu
d'honneur de crainte de manquer à la tempérance,
mais où il se montrait aimable et gai, il se retirait
dans une chambre, afin de se reposer et de réciter
son office jusqu'au moment du départ. C'est ce
qu'il appelait une partie de campagne.

Il aimait la vie solitaire par goût, et ensuite par
ce que, dans l'atmosphère de recueillement et de
paix qui l'enveloppe, il trouvait Dieu. Son bonheur était de converser avec lui ; il éprouvait un
vrai chagrin quand des occupations absorbantes
l'empêchaient de faire sa méditation quotidienne ;
son visage en était altéré, on aurait dit un oiseau
hors de l'air, un poisson jeté sur le sable du rivage. Et si le temps ne lui manquait pas, comme
il savait faire oraison ! à demi courbé en avant
sur son fauteuil, la tête profondément inclinée, les
sourcils froncés sur ses yeux clos, un doigt dans
le livre qu'il venait de fermer, il faisait effort pour
s'élever de la vérité qu'il avait lue vers le ciel où
il la voyait à l'état concret, et où montaient toutes
les aspirations de son cœur, symbolisées par les
soupirs exhalés de temps en temps de sa bouche
entrouverte.

Il était fidèle autant que possible à tous ses
autres exercices de piété, comme au séminaire ; il
ne négligeait ni son examen particulier ni sa lec-

ture spirituelle ; la récitation du chapelet, le psau-
tier de sa *bonne mère,* était un délice pour son
cœur. A neuf heures du soir, il faisait plusieurs
prières vocales, enrichies de précieuses indul-
gences dont il était avide ; il ne prenait son repos
qu'après les avoir terminées.

Ce n'est pas seulement dans la prière proprement
dite qu'il se montrait uni à Dieu ; M. Davant savait
reporter sa pensée vers lui en toute circonstance. Il
lui arrivait souvent, presque toujours, dans les conversations les plus animées, d'interrompre ses
réflexions et son rire ingénu, pour rentrer en lui-
même, se recueillir, ébaucher dans sa gorge on ne
sait quels sons inarticulés, et se remettre vivement ainsi en la présence de Dieu. C'était là
l'atmosphère pure d'où il ne voulait pas sortir, où
il rentrait comme au pas de course, quand il avait
été obligé de s'en écarter.

†

L'esprit de mortification accompagne toujours
la piété. Comment faire société avec Dieu et son
Christ sans être tenté de se priver et de souffrir
pour eux ?

M. Davant était, on s'en souvient, d'un tempérament mou et il avait des nerfs très affaiblis ; il
ne pouvait se tirer du lit le matin, sans se livrer à
lui-même de rudes combats. « Je suis, disait-il,

aussi dormeur qu'à dix ans. » En outre, comme il craignait beaucoup le froid, c'était un vrai supplice pour lui de se lever l'hiver.

Cependant, énergique par vertu, il n'a jamais manqué de dompter sa nature, sur ce point comme sur les autres. Couché vers neuf heures et demie, il était toujours sur pied vers cinq heures et demie, et souvent bien plus tôt, lorsque le travail le commandait. Il avait grand soin de rapporter à la nécessité et à l'hygiène le mérite de cette héroïque fidélité à son règlement. « Indiquez-moi donc, demandait-il, le moyen d'en tirer vanité, quand j'y gagne un temps précieux et que rien n'est plus favorable à ma santé. »

M. Davant trouvait bien d'autres occasions d'offrir à Dieu quelque sacrifice agréable, par exemple, ses repas.

Rien n'était plus frugal que sa table quand il était seul : un mets commun, un vin ordinaire, c'était tout ce qu'il y acceptait ; et de ce vin et de ce mets, il prenait fort peu. A la fin, pour relever son estomac délabré, il avait consenti à adoucir un peu la rigueur de son régime ; mais il est toujours resté sobre à l'excès.

Il avait coutume de se laisser servir, en souvenir probablement des soins maternels dont il avait été l'objet de la part des religieuses, pendant sa vie d'aumônier. Si, par exception, il portait lui-même la main au plat pour prendre quelque mets,

c'était toujours avec une hésitation risible, quelquefois avec un regard interrogateur sur ses com-
mensaux, comme pour leur demander : « N'est-ce
pas trop ? » Que, par distraction ou par espiègle-
rie, celui qui lui versait à boire dépassât un peu
dans son verre la limite convenue, *l'arche du
pont,* il laissait échapper une exclamation, accompagnée d'une mimique de stupéfaction des mains
et du visage absolument amusante. Il avait toujours peur, en effet, d'aller au-delà de la mesure.
Etait-ce sobriété ? — Assurément. N'était-ce pas
aussi calcul d'hygiène? — Sans aucun doute. Toujours ces deux vertus humaine et divine se donnaient la main à sa table.

Du reste, ce n'est pas seulement dans les repas,
mais dans tous ses actes, que M. Davant procédait
avec circonspection, avec défiance de soi. Pour la
plus petite difficulté, il avait recours aux conseils
d'autrui. Ceux qui les lui donnaient de leur
cabinet étaient bien plus exposés à se tromper que
lui, qui se tenait sur place, au milieu de tous les
éléments propres à éclairer son jugement. N'importe, il lui fallait leur avis ; le sien, à ses yeux,
ne comptait pas. Qui dira les désagréments attirés
au saint prêtre par ses tergiversations et ses perplexités ?

Cette défiance de soi lui venait d'abord de l'humilité ; elle avait aussi sa racine dans un défaut
naturel : la peur.

M. Davant était nerveux et impressionnable ; tout l'effrayait. Qu'un éclair soudain déchirât la nue ou qu'un coup de tonnerre retentît, on l'eût cru rivé au pavé de la rue ; ses sens repris, il entrait dans la maison la plus proche, pâle et des gouttes de sueur au front ; quelque besoin qu'on eût ailleurs de sa présence, il ne sortait plus de son gîte. Dans sa chambre, il avait tout un arsenal spirituel pour se défendre de la foudre : un cierge, de l'eau bénite, des reliques, une sonnette indulgenciée.

Une autre cause de ses terreurs, c'était le ver-glas ; malgré la laine dont il entourait ses souliers, il osait à peine l'affronter ; bien plus, sans les aimables violences des tyrans dévoués qui l'entraînaient malgré ses réclamations, plus d'une fois, après les sermons du soir ou les tardives confessions de carême, il aurait passé la nuit à l'église, de crainte de se briser en sortant sur le sol glacé.

La pensée de la mort le jetait aussi dans des troubles profonds. A la moindre recrudescence de ses affections morbides, il n'a jamais manqué, durant ces vingt-cinq dernières années, de jeter à ses amis, avec un regard navré qui implorait un encouragement, la parole mélancolique de Saint-Paul : « *Jam delibor*, je décline. »

En outre, la peur du feu était chez lui une véritable épouvante. A la fin des soirées d'hiver, après avoir recouvert sa braise de cendres, il n'oubliait jamais de palper ces cendres de la main, quelquefois à ses dépens, pour ne pas laisser la plus petite issue à la moindre étincelle.

Il ne se couchait point sans avoir promené un bâton sous son lit, dans tous les sens.

Il était dans l'impossibilité absolue de faire seul un pas dehors, pendant la nuit, même pour aller secourir un malade en danger; il lui fallait une escorte quelconque. On se faisait, il est vrai, un devoir, sinon un plaisir, de se mettre aussitôt à sa disposition; et encore, accompagné de la sorte, il étouffait des cris de terreur aux bruits insolites ou aux apparitions inattendues des carrefours.

Cette excessive timidité l'humiliait un peu; il n'aimait pas qu'on la tournât en dérision. « Mais enfin, lui dit un jour un de ses amis, comment ne vous êtes-vous jamais efforcé de dominer cette peur qui, à Sparte, vous aurait fait retirer vos droits civils? » Il reprit, d'un ton vexé : « C'est un défaut physique, il serait à désirer que d'autres n'eussent que celui-là. — Oh ! répliqua son interlocuteur, et qu'est devenue votre charité ? — Ah ! c'est vrai ; pardon. » Il venait de rompre avec ses habitudes de bienveillance; le repentir arriva sans tarder. il est probable qu'il ne le dispensa pas de la confession.

Cette nervosité maladive, qui faisait du saint prêtre une sensitive et le ramenait toujours vers lui-même, ne lui a pas permis de donner toute sa mesure. Craindre toutes choses, en tous temps, de la part de tous, n'est-ce pas se rogner les ailes, sinon s'annihiler ?

Mais quelle aimable contre-partie ce défaut naturel a trouvée dans la candeur naïve de M. Davant ! Malgré sa connaissance expérimentale de la malignité des hommes, il a gardé jusqu'à la fin une âme d'enfant prête à tout croire, à tout prendre en bien.

Ayant lui-même le mensonge en horreur, jamais il n'a pu soupçonner quelqu'un de duplicité. Aussi prenait-il au pied de la lettre tout ce qu'on lui disait.

Quand, pour le taquiner, on avançait sérieusement quelque inexactitude ou quelque exagération, on était sûr de s'attirer une réfutation en règle, dont on riait ensuite avec lui ; mais il n'en retombait pas moins dans le piège à la première occasion.

Au milieu des épreuves de l'Eglise et du pays, une foule de prophéties ont couru le monde, annonçant leur relèvement et la paix Il n'en est pas une seule que M. Davant n'ait accueillie avec faveur. En vain, les événements donnaient tort au premier voyant, il ne se défiait pas du suivant. On l'accusait de crédulité. « Soit, disait-il, mais enfin l'esprit de prophétie n'a pas cessé de souffler par le monde, pourquoi ne lèverait-il pas quelque jour

un coin du voile qui nous dérobe l'avenir ?...
Après tout, je peux sans pécher ajouter foi à ces
prédictions, et elles entretiennent ma piété. »

C'était le bon Israélite de l'Evangile en qui il n'y
a pas de malice. « *Vere Israelita in quo dolus
non est* », et que sa loyauté candide n'empêche
pas, d'après la propre parole du Maître, d'être un
docteur parmi le peuple. « *Tu es doctor in
Israel.* »

CHAPITRE VIII.

Dernière maladie. — Mort.

La physionomie morale de M. Davant ressort d'une manière assez claire du précis de sa vie et de la révélation de ses sentiments intimes, de ses habitudes et de ses vertus cachées. Cependant, pour être fixée avec toute la netteté possible, il lui manque un dernier trait, dont l'éclat vraiment caractéristique ne laisse rien à désirer, celui de la tenue du vénérable doyen devant la mort.

Comment a-t-il supporté l'épreuve de sa dernière maladie ? Comment a-t-il préparé son départ pour l'éternité ? — C'est ce qu'il reste à voir.

†

On se rappelle que, nommé tout jeune professeur de philosophie, il s'était imposé un travail surhumain pour remplir fructueusement sa mission. Ce surmenage lui causa à la tête une fatigue extrême, une espèce d'anémie cérébrale. Il ne se remit jamais bien de cette douloureuse affection. C'est ce qui explique comment une conversation trop bruyante était pour lui un véritable supplice, et comment il n'assistait presque jamais aux grands sermons des vêpres, où les coups de voix des orateurs lui ouvraient le front comme des coups de massue.

Il n'avait pas trente ans qu'il commença à ressentir les premières atteintes du mal qui faillit l'enlever en 1880, et l'assujétit le reste de ses jours à des soins continuels et douloureux.

Avant cette date, M. Davant avait dû prendre l'habitude d'emprisonner ses jambes enflées dans des bas élastiques.

Ses bronches toujours délicates et embarrassées lui donnaient des toux opiniâtres, quelquefois déchirantes. D'autres misères invétérées lui apportaient encore leur contingent de souffrances et de tristesses.

En théorie, il savait bien, comme S. Jean de Dieu, que ces infirmités sont des miséricordes du Seigneur; en pratique, il s'en affectait beaucoup et passait, à cause d'elles, ses journées dans des alarmes de tous les instants. On se demande vraiment par quel miracle de force morale et de grâce divine il a pu vivre replié sur lui-même, pour s'af-

fliger sans cesse de son état de santé, et se livrer
en même temps d'une manière assidue à l'étude ou
aux occupations du saint ministère. Il semble
positivement avoir résolu le difficile problème de la
conciliation de l'activité dévorante de l'homme public avec la préoccupation pleine d'angoisses du
malade, qui ne sait que gémir sur son état et n'a
pas le courage de parler d'autre chose.

Sa grande distraction entre le travail et la prière
était la recherche scrupuleuse de remèdes et de
toniques nouveaux, capables de retenir un reste
de vigueur dans son corps de plus en plus amaigri
et débilité. Hélas ! les découvertes modernes de la
médecine et de la pharmacie ne pouvaient enrayer
chez lui la marche de la décrépitude sous laquelle
il s'affaissait insensiblement, bien qu'il fît vail-
lamment tête au cortège de souffrances et d'humiliations dont elle était suivie.

Durant les derniers mois de l'année 1897, sa
faiblesse devint extrême.

Debout souvent la nuit pour faire diversion à ses
souffrances, il se sentit plusieurs fois tomber sans
pouvoir se retenir. Dans une de ces chutes, sa
tête donna contre le marbre de sa table et il fut
blessé ; dans une autre, il resta étendu plusieurs
heures, le long de son lit, transi de froid, contu-
sionné, sans avoir la force de s'appuyer sur ses
coudes, ni même d'élever la voix pour appeler au
secours.

Durant le jour, il lui devint très difficile de se mouvoir et, à la fin, pour le moindre déplacement, il dut prendre sa béquille et s'accrocher aux meubles. Les reins perdirent tout ressort au point qu'il lui fut impossible de lever lui-même ses pieds, quand il était assis dans son fauteuil. Voulait-il les appuyer sur un tabouret, près de son feu, il était obligé d'avoir recours à l'obligeance de sa bonne.

Quoique arrivée progressivement à sa dernière limite, cette faiblesse ne semblait pas l'impressionner outre mesure ; pour mieux dire, il garda jusqu'à la fin sa bonne gaieté.

La semaine même qui précéda le suprême assaut de ses maladies conjurées, il chanta devant de jeunes prêtres la chanson du bedeau, composée par lui et deux de ses vicaires, aux jours plus heureux de sa vie active.

†

Sur la fin de cette semaine, il se produisit un phénomène inconnu jusque-là dans son existence ; des idées noires l'assaillirent, une mélancolie inexplicable s'empara de tout son être sans qu'il pût en triompher, malgré les plus énergiques et les plus vertueux efforts. C'était sa pauvre nature qui, avec l'instinct désespéré de la conservation, se sentait rentrer dans le néant et éprouvait les angoisses du noyé sous les grandes eaux d'où il voit bien qu'il n'émergera pas.

Ceux qui le connaissaient comprirent que le terme approchait. Ils ne se trompaient point.

Le mercredi 25 janvier, il se mit au lit de bonne heure avec la fièvre. Il ne devait pas se relever. D'abord cet incident l'inquiéta médiocrement : n'était-il pas périodique dans sa vie au point de se reproduire tous les huit ou quinze jours ?... Mais — il avait le tort de ne pas y penser, — ses forces étaient épuisées; ce qu'il avait longtemps bravé était enfin de taille à le terrasser.

Cependant, le samedi, la redoutable fièvre tomba. On se reprit à espérer; l'intelligent et dévoué docteur de M. Davant déclarait qu'il l'avait vu plusieurs fois aussi bas, et qu'il ne désespérait pas de le sauver. Le dimanche, la cruelle ennemie ressaisit sa proie; c'était la fin, personne n'osa plus se faire illusion. A neuf heures du soir, les sacrements furent proposés au vénérable malade. Toute sa vie, ses intimes amis, connaissant sa nature craintive et son excessive impressionnabilité, s'étaient demandé avec terreur quel effet produirait un jour sur lui cette inévitable proposition. Par une sorte de miracle, l'épouvante qu'ils avaient prévue ne vint pas. M. Davant se confessa volontiers; quant au saint Viatique et à l'Extrême-Onction, il exprima le désir d'en remettre à plus tard la réception, parce que le vieux théologien, à che-

val sur les principes, voulait avoir la certitude
d'être en danger au moment où il les recevrait,
afin d'en bien éprouver toute l'efficacité. On lui fit
comprendre assez aisément que le moment psy-
chologique qu'il voulait attendre était difficile à
déterminer et que, pour le salut de son âme comme
pour l'édification publique, il lui valait beaucoup
mieux être en avance qu'en retard. Il se laissa per-
suader, et on devine comment il se prépara pendant
que ses amis allèrent à l'église. Il communia et présenta lui-même ses membres aux saintes onctions
avec un calme et une ferveur extraordinaires. On
se souviendra longtemps de sa voix forte et de son
accent énergique, quand il formula les actes appropriés à l'indulgence plénière et surtout celui ci :
« J'accepte la mort avec joie, en expiation de mes
péchés. » Miséricorde du Seigneur ! *Avec joie !*
Qui aurait pu compter sur cette grandeur d'âme,
après avoir été témoin des épouvantes de toute sa
vie ? Et certes il disait bien vrai, car il n'avait
jamais menti ; comment, du reste, dans ce moment
solennel, sa parole n'aurait-elle pas exprimé ses
pensées et les sentiments de son cœur ?

La nuit fut bonne et la journée relativement ras-
surante. C'était évidemment l'effet de l'Extrême-
Onction et la récompense de la générosité du malade.

Heureux et reconnaissant de cette faveur, le bon
doyen conçut l'espoir de se lever pour célébrer, le

dimanche suivant, une messe d'action de grâces. L'idée ne lui venait pas de dire comme son maître adoré : « *Etenim ea quæ sunt de me finem habent;* désormais, pour ce qui me regarde, tout est fini. »

Le mieux ne se maintint pas ; à partir du lundi soir, on vit les forces du malade décliner heure par heure sensiblement. Son estomac se trouva si délabré qu'il se refusa à toute nourriture. Sa bouche elle-même, très enflammée, ressentit les plus vives douleurs au contact des liquides même les plus doux.

Durant les huit derniers jours de sa vie, il ne prit à peu près rien. Il devait recommencer trois fois pour boire un demi-verre à liqueur de lait ou de vin, et, quand ces quelques gouttes lui touchaient le palais, il se sentait brûlé comme avec un fer chaud et poussait un cri de douleur ; aussi ne consentait-il qu'en esprit de pénitence à avaler ses potions.

Le pauvre malade s'affligeait de cette extrême difficulté de déglutition, et il disait à ses visiteurs, comme pour s'attirer quelque parole encourageante : « Mais, si on ne peut pas m'alimenter, qu'est-ce qu'il en sera ? » Tant il est naturel à l'homme de s'attacher à l'existence, alors même qu'elle doit lui être le plus à charge et qu'elle le fuit visiblement.

En même temps, son imagination travaillant, il était tenté de s'en prendre à lui-même de sa maladie ;

sa conscience extrêmement délicate lui faisait des reproches, il croyait du moins l'entendre lui dire : « C'est toi qui, par tes imprudences, as compromis ta vie, tu es le seul auteur responsable de ta mort. » Il fallait le rassurer en lui affirmant que personne au monde n'avait fait moins d'excès que lui, et ne devait être plus tranquille en face d'une santé ruinée ; encore cependant exigeait-il l'absolution afin d'échapper aux terreurs que lui inspirait cette faute imaginaire.

Ensuite, il se jurait à lui-même, si Dieu lui laissait encore quelques années à vivre, d'éviter telle fatigue, de rester plus patiemment dans son fauteuil, de se retrancher toute lecture, en dehors de son bréviaire, et même — sacrifice suprême ! — de réduire de deux les pages de théologie qu'il s'était imposé de parcourir dans sa journée.

En outre, il faisait tous ses efforts pour réagir contre le mal ; on n'avait aucune peine à lui faire suivre point par point les prescriptions du médecin, quelques douleurs que lui occasionnât son obéissance ; il appelait le sommeil, n'oubliait rien pour le provoquer, s'arc-boutait de temps en temps sur ses poignets, pour prendre une position un peu commode où il pût reposer plus facilement.

Inutiles précautions ; le mal implacable continuait ses ravages et se hâtait vers le terme fatal.

†

M. Davant comprit enfin qu'il ne devait plus compter sur le temps et il en prit noblement son parti. Il avait répété plus d'une fois : « *Ego autem in te speravi, Domine; dixi : Deus meus es tu, in manibus tuis sortes meæ.* » Pour moi, Seigneur, j'ai mis en vous mon espérance, j'ai dit : vous êtes mon Dieu, mon sort actuel et futur est entre vos mains. » Il fit de nouveau cet acte de renoncement à toute chose, d'abandon total à la divine Providence, et désira ne plus sortir de ce courant d'idées.

Une personne voulut traiter avec lui une question d'intérêt ; il demanda sur ce point l'avis de son conseiller habituel, en lui confiant son désir d'être tenu désormais à l'écart de toute considération d'ordre inférieur, parce que, dit-il « je ne dois plus maintenant m'occuper que de mon éternité. » La réflexion était trop juste pour ne pas recevoir une approbation complète, et dès lors on eut soin que rien ne vînt le distraire de ces pensées élevées.

Cependant, ressaisi un instant par une des craintes les plus douloureuses de sa vie, il fit de nouveau à son docteur la demande qu'il lui avait adressée en d'autres circonstances critiques. « Après que j'aurai expiré, je vous prie de venir constater mon décès ; j'accepte de mourir puisque c'est la volonté de Dieu ; mais — vous le savez — une de mes grandes terreurs a été la perspective d'être enterré vivant, prenez vos mesures pour que je ne sois porté au cimetière qu'après avoir rendu vraiment le dernier soupir. » La promesse lui fut renouvelée et, au moment voulu, fidèlement exécutée.

Ses souffrances n'étaient pas vives mais continuelles ; aussi, par affection pour lui, des amis dévoués auraient désiré que la mort vînt promptement mettre fin à ses maux. Cette compassion était trop humaine. Non, certes, le dénouement n'était pas à demander, car le vénéré malade ne perdait point son temps. Il passait ses jours et ses nuits à formuler des actes de foi, d'amour de Dieu, de confiance et de contrition ; sa prière était ininterrompue, son abandon à la Providence sans réserve, son acquiescement à la volonté divine absolu. On l'entendit déclarer nettement à deux reprises : « Je suis heureux de mourir, je ne tiens à rien. » Une fois il exprima, sans l'ombre d'une plainte ou d'un murmure, son étonnement d'avoir conservé tant de vitalité ; « Je ne croyais pas, dit-il, que je dusse avoir tant de forces pour résister à la mort. »

Il lui arriva un jour de montrer un peu de chagrin de donner tant de peine à ceux qui s'occupaient de lui ; mais, sur cette réflexion que ceux qui prenaient cette peine le faisaient de grand

cœur et gagnaient des mérites précieux, que par
conséquent il fallait non pas les plaindre mais les
féliciter, il retrouva la paix.

On priait beaucoup pour lui aux réunions de la
paroisse, dans les couvents, à Obezine ; il en mani-
festait sa reconnaissance d'une manière touchante
et suppliait qu'on ne se lassât pas de lui rendre cet
inappréciable service.

Les fidèles de Saint-Pierre commençaient à
être au courant de la situation de leur ancien pasteur, ils en éprouvaient une douloureuse émotion
et demandaient fréquemment de ses nouvelles ;
quelques-uns, passant sur la crainte de le fatiguer,
entraient le voir ; ils sortaient ensuite de sa chambre touchés de ses souffrances et édifiés de son
imperturbable soumission à la volonté divine,
après avoir obtenu pour eux et leur famille sa
paternelle bénédiction.

Monseigneur visita deux ou trois fois le malade
qu'il avait en grande affection. Après lui, nombre
de prêtres se firent un devoir d'aller à leur tour
lui témoigner leur sympathie. Quelques-uns,
enhardis par sa grandeur d'âme, eurent le courage
de lui confier leurs commissions pour l'autre
monde, comme s'il eût été simplement sur le point
de faire un voyage prévu, vers des régions explo-
rées, où il aurait eu, avec ses confrères et des amis,
des intérêts communs. Tous furent charmés de
la tranquillité avec laquelle M. Davant leur parla

de la mort, à la manière d'un évènement naturel qui, dans sa pensée, ne se distinguait des actions ordinaires de sa vie que parce qu'il devait en être la dernière.

Il eut même dans une de ces circonstances un instant de bonne humeur.

Un prêtre d'une foi vive et d'une grande piété, après l'avoir encouragé, fut inspiré de lui dire : « M. le doyen, convenons entre nous que le premier arrivé au ciel aura une prière particulière pour l'autre. » La chose acceptée et l'excellent ecclésiastique parti, un pâle sourire se dessina sur le visage du moribond et il dit assez haut, en scandant ses syllabes « Le premier arrivé priera pour l'autre... allez, allez ! » laissant clairement entendre par là que, malgré sa faiblesse, il comprenait très bien la portée de la convention ; qu'il se savait à l'extrémité et, par conséquent, aurait sans aucun doute, à porter le premier la parole devant Dieu. La mimique dont il accompagna sa courte réflexion fut si expressive que les témoins de la petite scène, faisant trêve une minute à leur chagrin, partirent devant lui d'un franc éclat de rire.

Ainsi s'écoula la semaine. Chaque jour le saint moribond se confessait avec des sentiments admirables de foi et de componction. Chose étrange, tout à la louange de sa belle âme et de la bonté de Dieu ! cet homme, qui avait été continuellement travaillé par les scrupules, arrivé à sa dernière maladie, n'en parut plus atteint. Dans l'intention de le rassurer, s'il avait ressenti ses tourments accoutumés, on lui demandait parfois avec un affectueux intérêt si sa conscience était bien en paix ; sa réponse invariable était qu'il n'avait aucune inquiétude. Cette tranquillité inespérée répandait un baume dans le cœur de ses amis, et ils se surprenaient à redire la douce parole de l'Ecriture que M. Davant avait appliquée lui-même au vénérable, distingué et très aimé chanoine de la Croix, radicalement guéri aussi, à l'approche de la mort, de ses insupportables anxiétés : « *Non dabit in æternum fluctuationem justo*. Le Seigneur ne livrera pas le juste à des troubles éternels. »

†

Cependant le savant docteur qui avait tiré M. Davant de tant de mauvais pas luttait pied à pied avec une admirable ténacité contre son implacable mal. Se dérobant à une nombreuse clientèle, il se rendait plusieurs fois par jour auprès du vénérable vieillard ; tentait tous les moyens d'obtenir quelque réaction de sa nature épuisée ; lui infusait même comme un sang nouveau par des injections dues aux découvertes récentes de la science. Mais, malgré ses connaissances et ses soins dévoués, il

ne faisait qu'éloigner de quelques heures peut-être
l'inévitable dénouement.

Dès le dimanche, la poitrine du malade se serra
et le râle se fit entendre.

M. Davant avait été bien souvent témoin dans
les maladies désespérées de ses paroissiens, de ce
bruit des pas de l'ange de la mort qui approche,
néanmoins il s'en inquiéta sans le comprendre et,
avec des regards étonnés, interrogateurs, il mur-
mura : « Qu'est-ce que c'est ? » Puis, comme aucune
complication nouvelle ne suivit ce symptôme alar-
mant, il parut ne plus y faire attention.

Dans la journée, il reçut encore, le sourire sur
les lèvres, un directeur du séminaire avec lequel
il avait entretenu les plus intimes et les plus affec-
tueuses relations. Evidemment le moral du cher
malade, par une grâce particulière de Dieu, n'était
pas trop affecté.

Le lundi matin, 7 février, M. Davant se trouva
beaucoup plus faible et extrêmement agité. Il
passa la majeure partie de la journée à formuler
encore, tantôt en lui-même, tantôt à voix basse,
des actes de charité parfaite et de complet abandon au bon plaisir de Dieu. Malgré une privation
absolue de nourriture, sa tête était restée solide ;
c'est à peine si, durant toute cette maladie, on le
surprit quelques minutes dans le délire.

Ce fait est vraiment remarquable, mais il s'explique sans peine. Le malade avait toujours prié

Dieu de lui conserver ses idées jusqu'à la fin, pour lui permettre d'unir ses sentiments à ceux du Christ en croix, et d'offrir à ce roi de son cœur, en pleine connaissance, le sacrifice des suprêmes instants de sa vie. Sa demande était accordée.

Sur le soir du lundi, son état s'aggrava notablement. Il s'en rendit compte, passa lentement la main sur sa poitrine, à plusieurs reprises, pour s'assurer qu'il portait bien son scapulaire et ses médailles, voulut tenir son petit crucifix entre ses doigts, et exprima le désir de voir jeter de temps en temps sur son lit de l'eau bénite.

Ensuite, il se prit à réciter, avec un peu d'hésitation, les versets de l'Ecriture qui lui semblaient les plus propres à entretenir en lui des sentiments de confiance et de repentir : *Ostende nobis Domine, misericordiam tuam.* Seigneur, montrez-nous votre miséricorde. *Et salutare tuum da nobis*, et donnez-nous le salut. *Amplius lava me ab iniquitate mea.* Purifiez-moi de plus en plus de mes iniquités, etc., etc. En même temps, il demandait humblement à son entourage d'implorer pour lui le don de la persévérance finale. Vers neuf heures, il supplia les ecclésiastiques présents de lui faire les prières de la recommandation de l'âme ; et, pendant cette récitation, se croyant sous le coup d'une crise qui serait la dernière, il disait parfois : « Vite, vite, hâtez-vous. » Ce n'était pas encore la fin pourtant ; à une heure de la nuit, le saint malade retrouva un certain calme, et on sentit qu'il avait encore trop de force pour cesser sa résistance à la mort.

Le lendemain, il avait recouvré un peu d'énergie et de voix. Il ne voyait plus, mais il pouvait prononcer quelques mots, répondre à ses amis et s'unir à leurs prières, ainsi qu'aux pieuses aspirations de son « cher Isidore » (1).

A une heure de l'après-midi, il commença à mourir en gardant encore ses idées.

A deux heures, on n'entendit plus le râle qui avait été continuel pendant ces deux derniers jours; un silence profond, solennel, régna dans la chambre.

A trois heures, tout mouvement cessa, la respiration devint faible, lente et, à la fin, comme intermittente.

Vers quatre heures moins le quart, une larme coula sur la joue du mourant. C'était la première depuis le commencement de la maladie.

Que signifiait cette larme ? — Le curé d'Ars, don Bosco et quelques autres saints ont versé des pleurs avant de mourir. Qui expliquera la cause de cette manifestation de sensibilité ? — Ce n'est pas probablement la souffrance physique : la nature généralement affaiblie, usée dans un homme avancé en âge et engourdi par de longues infir-

(1) M. Isidore Bisch.

mités, a-t-elle assez de force pour éprouver de vives sensations ? Est-ce la douleur morale de l'âme consternée de sentir se briser les derniers liens qui la rattachent au corps ? — Sans doute, cette âme est faite pour rester unie à ce vieux compagnon de ses luttes et de ses mérites ; mais elle part avec la certitude de le ranimer au dernier jour, quand la voix du Maître lui commandera de sortir du tombeau pour revivre dans une éternelle jeunesse. Est-ce un phénomène physique dont le mourant ne se rend pas compte ? — Peut-être ; mais comment, dans l'organisme brûlé par la fièvre durant de longs jours, la source, à sec jusque-là, se trouve-t-elle de l'eau au moment où elle se tarit pour jamais ? N'est-ce pas plutôt la joie d'entrevoir le rivage de la patrie dont les contours commencent à se dessiner au loin, sous les ombres fuyantes de la mortalité ? — Rien ne nous défend de le croire pour M. Davant : tant d'autres serviteurs de Dieu ont été consolés à l'heure du départ par cette céleste vision !

Larme mystérieuse ! On ne connaît pas sa cause, mais son effet fut douloureux ; à sa vue, les assistants sentirent leur cœur battre plus fort sous le coup d'une poignante émotion ; les prières redoublèrent de ferveur, en prenant toutes les formes — celles des agonisants avaient été déjà récitées plusieurs fois.

Quelques minutes après, le saint vieillard exhala

son dernier souffle, sans secousse, sans convul-
sion, imperceptiblement. A ce moment précis, il
recevait une dernière absolution de son fils et de
son ami, de celui qu'il avait l'habitude d'appeler
avec une tendre affection : « Mon bon curé », et
qui devait dans un instant lui fermer les yeux.
Aussitôt après, une légère détente de nerfs... et ce
fut tout. Les trois prêtres (1) présents à cette mort
du juste recommandèrent aux anges et aux saints
l'âme vertueuse partie pour le grand voyage, en
récitant ensemble le *Subvenite, sancti Dei.*

Ainsi est sorti de ce monde, soutenu par les
prières de ses meilleurs amis, de deux religieuses,
de sa bonne dévouée et de quelques femmes chré-
tiennes, l'humble et bon vieillard qui fut M. le
chanoine Davant.

(1) MM. Vergnaud, archiprêtre, curé de la cathédrale.
      Is. Bisch, prêtre sacriste et vicaire de la cathé-
      drale.
      C. Poitou, vicaire de la cathédrale.

CONCLUSION

Une heure ou deux après avoir rendu le dernier
soupir, le corps du vénérable défunt, revêtu de ses
ornements sacerdotaux, le crucifix et le chapelet
dans ses mains jointes, reposait sur sa pauvre cou-
che tendue de blanc. Sur son visage amaigri et pâle
mais naturel, régnait un calme profond : on sentait qu'il avait été touché par le Dieu de paix,
accouru du séjour éternel pour recueillir sur ses
lèvres expirantes l'âme pure obligée de le quitter.

Vers la nuit, le bourdon de la cathédrale répandit
au loin la nouvelle anxieusement attendue depuis
plusieurs jours.

La paroisse de Saint-Pierre ressentit en l'appre-
nant une tristesse profonde, hommage spontané
aux vertus que son ancien curé avait prêchées
vingt-deux ans devant elle, par sa parole et plus
encore par son exemple.

Durant les deux jours suivants, un grand nombre de fidèles passèrent dans son humble chambre, afin de prier pour leur ancien pasteur et contempler ses traits mortifiés, ascétiques, marqués du mystérieux cachet de l'autre vie.

Les obsèques eurent lieu le vendredi, à la messe capitulaire chantée par M. O. Mesnard, chanoine titulaire.

Retenu en Vendée par des affaires urgentes, Monseigneur ne put revenir à temps pour prier sur les restes mortels de son vieux conseiller. Il en avait exprimé son vif regret, la veille, dans une lettre à M. Nanglard.

« Assistaient à la cérémonie MM. les vicaires généraux ; MM. Alexandre et Tortelli, chanoines titulaires ; MM. Chaumet, Sarrazin, Riffaud, Marcellin Mesnard, Camélat, Sochal, Guy, Brangier et Videau, chanoines honoraires.

« MM. les doyens d'Hiersac, Rouillac, Blanzac, et les curés des paroisses voisines étaient venus aussi rendre les derniers devoirs au vénérable doyen que regrette le diocèse tout entier.

« Le séminaire au complet donnait à la cérémonie funèbre une solennité inaccoutumée.

« Les cordons étaient tenus par M. le chanoine Moreau, M. le chanoine archiprêtre Vergnaud, par M. Augereau, chanoine honoraire, aumônier du lycée, et par M. Labrousse, chanoine honoraire, curé de Saint-Ausone. » (*Semaine religieuse* du 13 février 1898.)

La plupart des anciens vicaires du vénéré défunt, ayant à leur tête M. Poitou, doyen de La Rochefoucauld, et M. Servant, doyen de Montbron, avaient suivi le corps en noir. Ils composaient seuls la famille de M. Davant.

Emus et recueillis, les chrétiens de la paroisse se pressaient autour des prêtres et remplissaient la vaste église. Trois ans d'ensevelissement dans la retraite la plus profonde n'avaient pas affaibli leurs sentiments de vénération filiale pour le pasteur usé à leur service; ils ont montré que l'esprit de l'Evangile rend fidèle au culte du souvenir comme à tous les autres devoirs.

Le convoi qui se rendit au cimetière fut considérable. Quatre prêtres en costume de chœur et plusieurs autres en noir récitèrent ensemble sur la fosse les dernières prières.

Une pauvre pierre sera placée en ce lieu. On pourrait, semble-t-il, y graver ces simples mots qui rendraient assez exactement la physionomie morale du saint prêtre destiné à dormir, protégé par elle, son suprême sommeil : « *Hic quiescit in pace Domini, beatam expectans resurrectionem, vir simplex et rectus ac timens Deum, Joannes-Petrus Davant, olim canonicus archipresbyter Ecclesiæ cathedralensis posteaque decanus capituli Engolimensis*. Ici repose dans la paix du Seigneur, en attendant la bienheureuse résurrection, Jean-Pierre Davant, ancien curé de la cathédrale, et plus tard doyen du Chapitre d'Angoulême, qui fut un homme simple, droit et craignant Dieu. »

✝

Oui, il a craint et aimé Dieu dont sa foi et ses mœurs ont procuré la gloire — qu'il soit permis de terminer par ces pensées d'un grand saint.—Cependant il serait téméraire de prétendre que, durant sa longue vie, rien en lui n'a donné prise à la censure du souverain Juge.

Seigneur, s'il a contracté quelques dettes envers vous, dans le cours de ses années, daignez les lui remettre. Vos paroles sont vraies et vous avez promis de faire miséricorde aux miséricordieux ; rappelez-vous qu'il a été indulgent envers ses frères dont il n'a jamais suspecté les intentions ni incriminé les actes ; il n'a pas jugé ; non, vous ne le jugerez pas.

Inspirez, mon Dieu, aux lecteurs de ces pages de se souvenir, devant vous, surtout à l'autel, de votre serviteur à qui tant de chrétiens doivent d'être nés à la grâce, avec l'espérance de ressusciter à la gloire...

Cette humble notice n'a été écrite que pour

révéler les belles vertus de ce vrai prêtre si digne d'imitation et lui obtenir, avec quelques sympathies nouvelles, des prières ferventes en faveur de son âme, retenue peut-être encore à la porte du ciel par quelque reste des imperfections d'ici-bas.

Daigne le Seigneur donner, par sa grâce, à ce petit ouvrage, d'atteindre le double but qui l'a fait entreprendre.

Permis d'imprimer :

J. Nanglard, *vic. gén.*

TABLE DES MATIÈRES

Angoulême. — Imp. Despujols, rue Tison-d'Argence, 3.

9 782329 553719